助力乡村振兴战略丛书

县域乡村振兴规划编制
内容与规范

冯永忠　任广鑫　韩新辉　著

总策划　杨改河
编著者　冯永忠　任广鑫　韩新辉　王晓娇　任成杰

西北农林科技大学出版社

内容简介

乡村振兴是新时代中国“三农”问题总抓手，科学编制乡村振兴规划，是实施乡村振兴战略的第一步。本书在系统解读中国乡村振兴战略实施背景的基础上，提出乡村振兴规划编制的层次、理论依据和框架结构，系统分析了县域乡村振兴规划编制的基本思路、乡村产业振兴、文化振兴、生态振兴、人才与组织振兴的编制内容与规范，并针对乡村振兴规划的实施，提出县域乡村振兴的实施措施和实施途径等内容。本书可作为从事乡村振兴的相关部门、规划单位、管理机构工作人员学习时的指导用书。

图书在版编目(CIP)数据

县域乡村振兴规划编制内容与规范 / 冯永忠，任广鑫，韩新辉著. —杨凌：西北农林科技大学出版社，2019.9（2022.7 重印）

ISBN 978-7-5683-0735-2

Ⅰ. ①县… Ⅱ. ①冯… ②任… ③韩… Ⅲ. ①县级经济—农业发展规划—研究—中国 Ⅳ. ①F322

中国版本图书馆 CIP 数据核字(2019)第 198511 号

县域乡村振兴规划编制内容与规范

冯永忠　任广鑫　韩新辉　著

出版发行	西北农林科技大学出版社
地　　址	陕西杨凌杨武路 3 号　　**邮　编**：712100
电　　话	总编室：029—87093195　发行部：87093302
电子邮箱	press0809@163.com
印　　刷	西安日报社印务中心
版　　次	2019 年 9 月第 1 版
印　　次	2022 年 7 月第 3 次印刷
开　　本	787 mm×1092 mm　1/16
印　　张	13.5
字　　数	245 千字

ISBN 978-7-5683-0735-2

定价：35.00 元

特别鸣谢

西北农林科技大学乡村振兴战略研究院给予此书出版的大力支持

前　言

乡村振兴规划编制是实施乡村振兴科学决策的依据，也是乡村振兴战略顺利实施的前提和保障。乡村振兴的规划如何编制？从什么视角？规划什么内容？采取哪些措施？如何推进规划的实施？要达到什么样的目标？产业如何振兴？美丽宜居生态乡村怎么建设？组织保障怎么设计？怎么吸引人才？资金从哪里来？农民如何富裕？乡村如何美丽？“三产”怎么融合等一系列问题，需要解决。

2018年暑假，西北农林科技大学率先在国内启动陕西、甘肃、青海、宁夏、新疆、内蒙古(除东四盟)和西藏7省区以乡村为基本单元的本底背景调查。在此次行动中，学校领导对乡村本底调查的重视，学校职能部门老师对乡村调查表现的敬业，调查学生不畏酷暑对乡村调查做出的奉献，时时刻刻激励着我们，让我们感动、催我们奋进，让我们感受到作为一个农学人应该肩负的责任和担当。长期以来，作为奔波在乡村一线、田间地头的农学人，如何把自己的知识与国家乡村振兴的战略结合起来，为国分忧、为民解困，是我常常思考的问题，也是着手编写本书的主要初衷与动力之一。

规划编制是保障乡村振兴顺利实施的第一环节。如何以科学审慎的态度编制乡村振兴规划，事关这一伟大使命的顺利实施、事关国家有限资源的高效利用、事关产业振兴是否实现、事关乡村治理是否有效、事关百姓福祉能否实现。本书是作者在长期服务基层农业产业规划的基础上，根据乡村振兴的战略目标，结合乡村振兴实施的五大途径，在系统研究国家乡村振兴战略目标的基础上，针对乡村振兴规划编制的内容与要求，从乡村振兴规划编制的理论基础、规划框架、思路、目标、产业振兴、人才振兴、文化振兴、生态振兴、组织振兴等方面，详细说明编写的内容、规范与要求，从规划师、管理者、农村居民等广大公众的视角规划、审视、期盼和评价乡村振兴，从而提出乡村振兴规划编制应该遵循的普遍原则规范，以期为乡村振兴规划方案的编制提供科学的指导。

全书按照：规划背景—理论—框架—规范—案例的思路组织，分为上下两篇。上篇包括总论、乡村振兴规划层级性、框架结构、规划编制背景分析、规划基本思路、乡村空间结构重构、产业振兴、生态振兴、文化振兴等重点任务、规划措施、乡村振兴规划编制重点内容的编制规范与要求以及作者在基层调研的基础上，针对乡村振兴中土地流转、集体经济建设、生态文明、人才培养、绿色发展和粮食安全等问题的一些思考和看法，供乡村振兴规划编制者、管理者、民众和村民参考。下篇提供了作者们参与编制的某乡村振兴规划案例，是对本理论的应用，供读者参考。

在撰写过程中，遵循了"从规划师的视角设计乡村，从管理者的视角审视乡村，从大众的视角评判乡村，从农村居民的视角期盼乡村"的多视角撰写理念，语言朴实，逻辑缜密，力求成为规划师案头的工具，管理者评判乡村振兴的指南，民众能够正确评判乡村建设的量尺，村民看得见乡村未来的蓝图。

本书是作者所在团队从事多年农业区域发展、乡村社会调查和农业产业发展规划编制理论研究及实践经验的基础上汇集而成，是基于长期从事农业宏观研究、农村社会发展、农业生态建设的经验总结，既有过去从事规划的总结，也有理论的探索。编写过程中，杨改河教授高屋建瓴，在全书服务乡村振兴规划编制和规划审查制度等诸多方面给予了广泛的建议。韩新辉教授、任广鑫副教授、王晓娇副教授和任成杰副教授给予案例支持。感谢陕西亿光年农业发展有限公司提供具体案例，西北农林科技大学出版社在本书的出版过程中给予了全力支持，使本书能够付梓出版，及时和广大读者见面，在此深表感谢。此外，在编写过程中广泛参考了国家、省、市等不同层面的乡村振兴战略规划报告、指导实施意见，以及目前关于乡村振兴的最新文献，并将其精神融入本书之中。由于篇幅所限，不能在文中一一列出，在此，谨向被引用文献和著作的各位同仁表示深深地敬意和由衷地感谢。

编者

2019 年 3 月

目 录

上篇 乡村振兴规划编制内容与规范

下篇　乡村振兴规划案例

上篇

乡村振兴规划编制内容与规范

第一章　总　论

乡村振兴战略是党中央在新时代提出的重大战略部署，是实现“中国梦”的重要举措，是新时代做好“三农”工作的总抓手，成为全党全社会的共同行动。编制乡村振兴规划设计方案是乡村振兴战略的重要任务。如何科学编制乡村振兴规划方案，服务国家乡村振兴战略，是各级政府管理部门、广大社会民众和乡村居民最为关注的问题之一。

第一节　乡村振兴战略实施背景

乡村是集农业生产、居民生活、文化活动要素为一体的空间组合。我国乡村起源于新石器时代前期。在几千年的发展与演变过程中，乡村是中国传统农业社会革新、实践、演变、传承的载体，是中华民族勤劳、质朴、勇敢、奋斗的精神家园，是承载中国乡土文化的基础。党的十九大报告中明确指出新时代我国社会主要矛盾是人民日益增长的美好生活需要和不平衡不充分的发展之间的矛盾，乡村振兴战略是解决中国城乡不均衡发展，实现“两个百年”目标的战略措施之一。乡村振兴战略的提出，具有以下几方面的背景。

一、乡村衰落与发展的内生动力不足

改革开放40年来，农业在中国经济结构中比例的持续下降，第二、第三产业及城市化、城镇化兴起，对中国传统的乡村社会产生了巨大的影响，乡村人口流失、劳动力短缺、田陌荒芜、留守妇女、留守儿童、环境污染等成为这个时代乡村最显著的问题。越来越多的乡村年轻人，离开乡村、离开农业、离开自己的文化土壤。缺乏年轻人的乡村，缺少了生产动力、生活气力、创新活力，像一个垂垂老者，继而失去了对传统农业改造的内生动力，也缺乏对现代农业技术学习、承接的能力，乡村在没落中内生动

力严重不足，成为现阶段中国乡村社会发展的桎梏。

二、城乡不均衡发展矛盾日益突出

城市的繁荣与乡村的破败、拥挤城市与空心化乡村、城乡教育资源、城乡医疗条件、城乡交通状况、城乡就业、城乡环境等一系列比较，形成明显反差。这种城乡不均衡发展，导致了中国城市建设面积越来越大，城市的资源环境承载压力越来越大，城市治理成本越来越高，城市的安全风险也越来越大，且导致乡村基层组织基本瘫痪，乡村的人居环境恶化，乡村居民获得与心理落差越来越大，最终会导致中国城乡社会潜在的政治稳定和社会安全风险越来越大。因此，在中国经济高速发展和社会转型过程中，统筹城乡协调发展，解决不均衡的矛盾，事关社会稳定、国家安全。

三、粮食安全潜在的风险越来越大

乡村是农业生产的主要阵地，农民是粮食生产的主力军。长期以来，随着中国乡村社会的衰落，空心化、老龄化、弃耕等问题日益突出，同时农村居民自身存粮数量下降，日常口粮的商品化程度越来越高，谁来种地、谁来生产粮食、谁来保障中国 14 亿人口的吃饭问题，愈来愈成为严重和迫切需要解决的重大社会问题。

四、乡村生态环境问题日趋突出

1978 年中国实施改革开放以来，联产承包责任制政策极大解放了中国农村生产力，使中国乡村在短短的几年解决了温饱问题，但是中国乡村并没有在联产承包责任制和改革开放的利好政策中获得长足的发展，乡村的基础设施建设长期以来是国家投资建设的盲区，加之由于环保教育和乡村环境基础设施建设不到位，农村居民环境意识差，乡村社区布局、庭院设计功能缺失，导致生产垃圾、生活垃圾随意弃置、堆放，乡村生态环境日益恶化，成为当下乡村的又一突出问题。

五、乡村治理问题愈来愈严重

长期以来，一方面，乡村组织机构不健全，基础党组织在乡村名存实亡，村匪路霸问题比较突出，村主任村霸化严重，使党的政策很难贯彻到乡村基层；另一方面，部分乡村的有知识有思想的青年人长期在外，致使很难选举出能够带领乡村居民致富的组织者和管理者；第三，乡村人口老龄化趋势，导致基层干部的老龄化问题严重，造成治理乡村的能力不强，呈现出缺乏改革开拓进取的意识的被动局面，使乡村成为国家治理中最薄弱和最难深入的地方。

第二节 乡村振兴规划编制的目的和意义

一、中国乡村建设的历史回顾

乡村建设是一个系统、动态的概念，说其系统是因为涉及乡村地理空间的聚落、民生、文化、管理与环境等诸多因素，谈其动态是说在不同历史阶段，因乡村社会存在的问题变化，而导致建设的重点和目标变化。中国对乡村社会改革的关注可以追溯到20世纪二三十年代，以社会实践为基本路径的“乡村建设”运动持续展开，其规模和声势颇为雄壮，一时聚为焦点，并在一定程度上触发了人们救治乡村危机乃至中国建设前途的另一企盼，但由于政府贪腐、内忧外患等一系列问题，最终无疾而终。1949年至1978年中国乡村建设进入了新民主主义建设和社会主义经济建设时期，以人民公社和生产队为乡村建设的主体，乡村生产以集体经济为主，贫富差距不大。1978年实施改革开放以来，中国乡村改革围绕着“三农”问题经历了1978－1986年的探索突破时期，1987－1997年的相对缓慢变化时期，1998－2011年的重点推进时期和十八大以来的全面深化时期这四个阶段（光明网：农村改革发展的“过去时”“现在时”与“未来时”——改革开放以来农村改革政策脉络梳理与展望）。在不同的历史阶段，围绕“三农”问题，党和政府采取了废除“政社合一”的人民公社，实行家庭联产承包责任制，大力发展乡镇企业；坚持以家庭联产承包为主的责任制和统分结合的双层经营体制，发展农村社会化服务体系；“全面建设小康社会”“统筹城乡经济社会发展”“多予，少取，放活”“工业反哺农业、城市支持农村”“建设社会主义新农村”等系列大政方针。

中国共产党成立近百年，非常重视乡村建设。在这百年的发展历程中，乡村问题一直是学界、政府和老百姓关注的焦点问题，从哪个角度切入去解决乡村问题、谁去解决、建设什么样的乡村，这些问题一直没有得到很好的解答。

二、乡村振兴规划编制的目的

乡村建设是一项复杂的系统工程，尤其是我国区域经济社会发展复杂、东西南北之间农业、农村的经济发展极不均衡，涉及乡村类型也复杂多样。截至2017年，我国有55万多个行政村，317万个自然村落，究竟有多少种类型、分别分布在什么地方，其地理位置、生态环境、人口规模、产业结构、文化、宗教、民俗等特征非常复杂。因此，如何科学贯彻党中央提出的重大战略决策，实现“两个百年”目标，科学编制乡村振兴规划就显得非常重要。以下为编制乡村振兴规划的主要目的。

1.服务国家战略，造福地方百姓

乡村振兴战略是十九大提出的七大发展战略之一，是今后三十年中“三农”问题的总抓手，是实现“两个百年”目标重要战略构成；而编制乡村振兴战略规划，是实施乡村振兴的重要措施。因此，编制乡村振兴规划方案，对上科学承接国家战略，实现国家战略目标；对下精心组织，对地方有计划地实现产业振兴、人才振兴、生态振兴、文化振兴和组织振兴，造福一方百姓。

2.研判区域村落演变趋势，科学规划乡村空间布局

在乡村振兴规划编制过程中，通过实地调查乡村户籍人口、常住人口的数量、年龄、性别等基本信息，客观研判乡村演变的趋势，为区域乡村聚落的调整及空间重构，提出科学的方案，以免在实施乡村振兴过程中对基础设施投资的浪费，对未来中国乡村聚落布局——农业产业提升、生态宜居、农民生活富裕等多维目标实现振兴产生不利影响。

3.梳理产业发展特色，提升乡村社会经济发展水平

产业兴旺是乡村振兴的重点。在乡村振兴过程中，如何实现乡村产业振兴，是规划方案编制的重点。因此，在规划方案编制过程中，在调查乡村产业现状的基础上，结合区域农业发展的主导产业、市场需求、编制区域的农业科技水平、经营主体等要素，为乡村规划提出科学的乡村振兴规划编制方案，助力乡村产业振兴，提升社会经济发展水平。

4. 挖掘乡村优秀传统文化，振兴乡村文化产业

乡风文明是乡村振兴的保障。乡村是中国传统农耕文明的载体，是中国传统文化继承、传播的重要场所，优秀的传统文化是中国乡风文明的重要组成部分。中国乡土文化与中国地域、民族、耕作方式、生活方式都有千丝万缕的关系，导致中国乡村文化千差万别，丰富多样。在乡村振兴实施过程中，需要科学挖掘、甄别优秀乡土文化，实现文化与旅游的融合，传承优秀文化，将优秀的文化资源转变为经济优势，带动地方经济发展，实现百姓富裕。

5. 治理乡村生态环境，构建宜居美丽乡村

生态宜居是乡村振兴的关键。当下乡村生态问题千差万别，在乡村振兴的过程中，如何根据具体的情况，利用生态循环农业原理，从产业层面、乡村人居环境层面、生态体系建设层面设计生态治理方案，实现美丽生态宜居乡村，是规划编制的重点。

6. 夯实乡村集体经济基础，强化乡村组织保障能力

治理有效是乡村振兴的基础。针对规划区乡村基层组织建设存在的问题，结合乡村振兴对集体经济和人才需要，在规划编制过程中，提出组织振兴、人才振兴的行之有效的方案。同时，针对性地提出加强集体经济的措施和办法，为乡村振兴提供人才和组织保障。

综上所述，科学的规划方案的编制，是为乡村振兴提供行之有效的指南和方案，是服务国家战略、指导地方经济社会全面发展的行动指南。

三、乡村振兴规划编制的意义

十九大报告首次提出实施乡村振兴战略，指出了“要坚持农业农村优先发展，按照产业兴旺、生态宜居、乡风文明、治理有效、生活富裕”的总要求。乡村振兴宏伟战略，正是这一系列探索的集成，是推动中国乡村发展的宏伟工程，是几千年来中国乡村产业、文化在传承的基础上，开展具有中国特色的乡村建设工作，是中国城乡统筹发展的重要战略构成，是让乡村分享中国四十年改革开放的成就，与城市一道成为改革开放的践行者、参与者和分享者。科学编制乡村振兴实施规划方案，对以乡村为单位推进农业供给侧结构的改革、优化农业结构、突出优势特色产业、促进“三

产"融合具有重要的指导作用;对治理乡村人居环境、建设宜居美丽乡村具有重要的意义;对吸引优秀青年从事农业生产,实现人才振兴具有重要的意义;对挖掘乡村优秀传统文化,实现乡村文化振兴具有重要的意义;对加强乡村组织建设,提升乡村基层组织能力具有重要的意义。

第三节　乡村振兴规划编制的原理与方法

一、乡村振兴规划编制学科理论体系

首先,在中共中央、国务院印发《乡村振兴战略规划(2018—2022年)》中明确指出推进农机装备和农业机械化转型升级、促进农机农艺融合、加快主要作物生产全程机械化,提高农机装备智能化水平;加强农业信息化建设、提高农业综合信息服务水平。大力发展数字农业,实施智慧农业工程和"互联网+"现代农业行动,提高农业精准化水平;发展智慧气象,提升气象为农服务能力等要求。从中可以看出,在乡村振兴中,农业生产水平的机械化、信息化、智慧化和智能化发展是振兴的途径,因此,在乡村振兴规划中必须要体现现代农业基本理念。

其次,乡村振兴,生态宜居是关键。根据国家"五位一体"发展的布局,乡村振兴必须始终贯彻绿色发展为主题的生态文明建设,必须要以乡村的绿色发展为主线,推动我国的绿色发展,实现"绿水青山就是金山银山"的发展目标,将以乡村生态治理为主的生态文明建设贯彻到乡村振兴规划之中。因此,在乡村振兴规划编制中,倡导循环农业发展理念,尤显重要。

第三,在国家《规划》中明确指出,"实施乡村振兴,乡风文明是保障。乡村振兴战略,要深入挖掘农耕文化蕴含的优秀思想观念、人文精神、道德规范,结合时代要求在保护传承的基础上创造性转化、创新性发展,有利于在新时代焕发出乡风文明的新气象,进一步丰富和传承中华优秀传统文化。"因此,在乡村振兴规划编制过程中,必须有对中国不同区域乡土文化、传统文化和农耕文化深度了解的知识背景,要有对传统文化创新的独到视角,要有丰富的文旅经验和知识的积累。文旅融合发展的学科知识是乡村振兴规划编制的必要。

第四，在国家《规划》中明确指出，“乡村振兴，治理有效是基础。实施乡村振兴战略，加强农村基层基础工作，健全乡村治理体系，确保广大农民安居乐业、农村社会安定有序，有利于打造共建共治共享的现代社会治理格局，推进国家治理体系和治理能力现代化。”据此，在乡村振兴规划编制的过程中，要具有对乡村社会、乡村基层组织和乡村社会管理有深度研究的知识背景和人力资源，规划的编制能够针对具体的乡村，提出乡村治理的方案。因此，乡村社会学、乡村管理学、党建知识是乡村振兴规划编制的主要理论基础。

综上所述，乡村振兴涉及乡村产业、人才、生态、文化和组织等多方面的内容。在乡村振兴规划编制的过程中，涉及现代农业、社会学、生态环境学、乡村管理学、乡村建筑学、“三产”融合、循环农业等学科，是一个多学科融合交叉的体系。因此，在乡村振兴规划编制的过程中，必须建立在现代农业理论、现代科技支撑条件、现代资源开发保护、现代产业体系布局、现代区域经济发展的基础上，统筹兼顾，编制出特色鲜明、重点突出、体制创新的规划。

乡村振兴规划编制理论

现代农业科学理论：主要包括农业资源与区划、农作学、栽培学、园艺学、设施农业科学与工程、植物保护学、畜牧学、经济林学、农林经济学、园林景观学、农业区域发展与产业化、现代农业装备科学、农业信息技术、智慧农业、“互联网＋”农业等学科。

绿色发展规划理论体系：循环农业、农业生态学、环境科学、生态工程、沼气工程、资源环境科学、可持续发展理论、污水处理技术、土壤修复技术等学科理论。

乡村文化挖掘与保护理论：农史学、古农学、民俗学、文化遗传学、文物保护学、古文化学、宗教学、旅游管理学等与中国传统农耕文化有关的学科。

乡村社会治理论体系：乡村社会学、乡村社会管理学、乡村基层组织建设知识、乡村环境管理、乡村社会事务管理、乡村法制学等。

规划学理论：建筑学、城乡规划学、园林景观学、创意农业等。

二、乡村振兴规划编制方法

乡村振兴规划方案的编制涉及对编制区域自然及社会资源、区位和振兴基础的评价、乡村风貌总体设计、乡村建筑风格设计、乡村庭院设计、乡村绿化、乡村道路硬化等，从产业布局、到文化展示、乡村风貌、庭院布置和道路基础设施一系列的规划设计，需要采用资源评价、产业分析方法、遥感与地理信息等多规合一的方法。

1. 多规合一的规划方法

乡村振兴规划编制涉及土地利用、乡村聚落空间布局、种植业和养殖业空间结构的布局优化、农村基层设施及环境保护等多个规划。因此，在规划编制过程中，一般采用多规合一的综合规划编制方法，以免单一专项规划浪费时间和人力，造成多头规划，互相打架的现象。

2. 基于 SWOT 分析的乡村振兴资源与社会经济发展的基础评价方法

SWOT 分析法（也称 TOWS 分析法、道斯矩阵）即态势分析法，20 世纪 80 年代初由美国旧金山大学的管理学教授韦里克提出，经常被用于企业战略制定、竞争对手分析等方面。主要是制定企业战略中评价企业发展优劣势的一种分析方法，包括分析企业的优势（strengths）、劣势（weaknesses）、机会（opportunities）和威胁（threats）。因此，SWOT 分析实际上是将对企业内外部条件各方面内容进行综合和概括，进而分析组织的优劣势、面临的机会和威胁的一种方法。在乡村振兴规划中，借助 SWOT 分析方法，系统分析规划区自然资源、社会经济资源、区位条件、政策优劣势及周边同类型区域及同类型产业的竞争和互动中的优势、劣势、机会和威胁，进而提出科学可行的规划目标、内容及实施方案。

3. 基于比较优势理论主导产业分析法

中国乡村产业一般是种植业、养殖业、农产品初始加工业等一系列产业。乡村产业振兴中，如何确定主导和优势特色产业，是产业振兴的关键。区域农业主导产业的确定一般采用农产品区域比较优势测度模型进行比较评价。定量认识和评价主要农产品的区域比较优势，因地制宜地确定区域主导产业和农业结构调整方向和重点，为建立地区间优势互补和利益共享的农业区域结构提供科学基础。区域比较优势测度模型包括资源禀赋比较优势指数、规模比较优势指数、环境质量比较优势指数和综合比较优势指数。

4. 乡村空间结构、农业布局及景观图的绘制方法

乡村振兴涉及乡村聚落的空间布局，利用遥感技术、GIS平台和无人机技术，获取空间信息数据，进行数字图像生成与构建，可以直观地绘制出规划区内乡村聚落、土地利用、重要作物布局图、养殖基地的分布图及农产品科技园区的区位图及功能分区图，是规划方案应该包括的主要成果之一，也是直观反映规划方案的手段。

乡村振兴规划方案一般包括规划区区位图、总体布局图、主要产业布局分布图、乡村聚落空间布局图、农业科技园区的布局及功能分区图、生态治理方案图、村落基础设施组织图等各种效果图。

5. 乡村振兴规划制图方法及工具

乡村振兴规划方案规划图鉴的制作软件比较多，大多采用CAD、Photoshop和Map GIS等专业性的绘图软件；无人机与GIS平台结合，采集地理数据，并对数据进行分析，并生成图像等，直接在线完成。

乡村振兴规划编制方法

多规合一的规划方法：“多规合一”，是指将国民经济和社会发展规划、城乡规划、土地利用规划、生态环境保护规划等多个规划融合到一个区域上，实现一个市县一本规划、一张蓝图，解决现有各类规划自成体系、内容冲突、缺乏衔接等问题。

基于SWOT分析的乡村振兴资源与社会经济发展基础评价方法：即态势分析法，是制定企业法战略中评价企业发展的优劣势的一种分析方法，包括分析企业的优势(strengths)、劣势(weaknesses)、机会(opportunities)和威胁(threats)。在乡村振兴中可以借助此方法评价规划区的振兴基础。

基于比较优势理论主导产业分析法：区域比较优势测度模型包括资源禀赋比较优势指数、规模比较优势指数、环境质量比较优势指数和综合比较优势指数，主要用于乡村振兴中，优势特色主导产业的评估和凝练。

乡村空间结构、农业布局及景观图的绘制方法:将乡村振兴规划中的村落布局、产业布局、景观效果等以图鉴的形式直观地反映出来,是规划中不可缺少的技术方法。

乡村振兴规划制图方法及工具:CAD,Map GIS,无人机等。

第二章　乡村振兴规划层级性及框架结构

乡村振兴是当前各级政府及广大民众广为关注的重大国家战略，不同的层级对乡村振兴有着不同的要求和不同的调控措施。厘清不同层级乡村振兴规划目标及要求，分析研判规划编制的内容，合理安排规划编制的框架，对科学指导乡村振兴规划方案的编制具有重要的意义。

第一节　乡村振兴规划层级性及选择原则

层级性是规划的基本属性。乡村振兴规划根据行政区域的管辖范围可以划分为国家级、省级、地市级、县级、乡级和村镇级六级。是否每一个层级都需要根据本区域的情况编制相关规划、指导本区域乡村振兴，是需要探讨的。

一、乡村振兴规划的层级性

乡村振兴顾名思义是通过有组织、有计划的行动，推动以村庄为空间单元，乡村聚落的生产、生态、文化、乡村治理和生活等全方位的发展，实现城乡同步、工农统筹、“三产”融合的发展目标，是新时代中国“三农”问题的总抓手。乡村振兴规划是国家在实施乡村振兴过程中制定的指导区域乡村发展的方案。根据规划服务的对象和性质，乡村振兴规划层级的要求各不相同。

1. 国家乡村振兴战略规划

国家乡村振兴战略规划即《乡村振兴战略规划（2018－2022年）》，是由中共中央和国务院于2018年9月26日联合发布。规划全文共十一篇三十七章，提出到2020年，乡村振兴的制度框架和政策体系基本形成，各地区各部门乡村振兴的思路举措得以确立，全面建成小康社会的目标如期实现；到2022年，乡村振兴的制度框架和政策体系初步健全；到2035

年,乡村振兴取得决定性进展,农业农村现代化基本实现;到 2050 年,乡村全面振兴,农业强、农村美、农民富全面实现。

国家规划具有全局性、战略性、宏观性和高度的指导性,是对我国乡村今后 30 年工作的系统规划设计,从战略高度提出了乡村振兴规划的目标、途径和措施,是各地方规划编制的指导方针。

2. 省、市级乡村振兴实施规划

省、市级乡村振兴实施规划,是在国家战略规划的指导下,针对本省、本市不同生态类型区乡村振兴的战略需求,编制的宏观、战略、区域层面的规划方案,在宏观和战略层面上指导市、县、乡、村层面的规划编制,对本省区农业产业空间优化布局、生态治理等方面具有更加具体的指导意义。目前,我国各省级乡村振兴实施规划出台并不是很多,山东是全国第一个颁布乡村振兴实施规划的省份,而陕西省的乡村振兴实施规划初稿基本形成,但尚未发布。

3. 县级乡村振兴控制性规划

县级乡村振兴规划属于中间层面的规划,既有省市乡村振兴规划的宏观性,又具有本县产业布局、村镇布局、生态治理、组织建设等具体问题的针对性,是在中间层面上对乡村振兴战略实施措施的一种布局和谋划。既承接中央、省市宏观战略前瞻性,又能够对具体的乡镇、村镇的产业、生态治理、组织建设提出明确的要求。因此,在乡村振兴战略规划中,科学编制县级乡村振兴控制性规划,对指导本区域内农业供给侧结构改革、乡村空间布局的优化等具有重要的战略意义。

4. 乡镇级乡村振兴实施规划

乡镇是属于微观层面上制定的具有可执行和可操作的结余控制性规划和操作层面的规划,是根据县级控制性规划中对本辖区产业方向调整、村庄布局、文化资源保护、组织建设和生态治理等具体要求的再细化,是操作层面的规划,是乡村振兴中,执行和落实区域产业结构调整、乡村聚落模式重构、文化资源及乡村基础设施建设统筹开发的关键规划。

5. 村级乡村振兴规划

很多业界和政府管理部门都认为,乡村振兴规划首先要乡村一级的规划,这种看法和观点有一定的道理,但不完全正确。乡村振兴规划中,产业振兴、生态振兴、文化振兴相当一部分内容是乡村层面上无法完成的,必须是在全县的基础、全乡的基础上统筹考虑。如区域主导产业布局、村庄聚落布局、生态修复、基础设施布局、人才培养等问题,是在一个县、一个乡全局性的层面上考虑,而在乡村层面上无法完成。因此,村级乡村振兴规划,更多是对县级控制性规划具体实施方案的细化,是基于本村在全县、乡产业布局、基础设施建设和村落发展演变、环境治理、组织建设和新型乡风建设的需要,其重点在村容村貌、生态治理、组织建设和新型乡风重塑上。

二、乡村振兴规划编制的层级性选择原则

根据中国行政级别的划分,从国家、省、市、县、乡、村共有六级,针对乡村振兴战略,各个行政级别如何根据本地区的乡村振兴的需求,科学编制规划,有效指导本区域乡村振兴战略的实施,既不浪费资源,也不浪费时间是一非常重要的问题。根据不同层级乡村振兴规划的属性,国家、省市级乡村振兴规划属于宏观战略层面的指导性规划,而且,国家的规划已经发布,各省级规划即将发布,地市级规划也都在制订过程中。这三个层级的规划是对本区域乡村振兴战略实施的指导性规划。因此,在乡村振兴规划编制的过程中,做好县级乡村振兴控制性规划的编制,上承国家、省市规划指导意见,下接具体指导本区域乡村规划的实施,即为国家、省、市级指导,县级调控,乡镇规划,村级落实的原则。

1. 国家、省、市级指导

国家、省、市三级规划方案具有宏观性、战略性和指导性,是县、乡、村三级规划编制的指导依据、其明确提出各地区乡村振兴规划框架,这些规划是在政府主导下编制的,具有很强的政策性。

2. 县级调控

县级乡村振兴规划是中观层面的规划,对上承接国家、省市规划,对下能够指导和控制乡镇,甚至村的规划实施。在乡村振兴战略的实施中,县级乡村振兴规划编制的科学性尤其重要,它对调控全县乡村聚落结构宏观布局、主导优势产业的结构调整、农业供给侧结构的改革、养老、学校、医院、道路等基础设施的统筹建设具有非常重要的作用。而乡镇布局、村庄合并撤销、基础设施建设,是在乡镇和村级层面上是无法实现的。

因此，县级乡村振兴规划的调控性具有非常重要的作用。

3. 乡镇级规划

乡镇级规划是指在县级调控的基础上，针对县级规划中提出本区域主导产业布局、养老、医院和学校等基层设施统筹规划的基础上，针对本乡镇各个行政村常住人口年龄问题、产业问题、基础设施建设与布局问题，详细提出具有乡镇—中心村—村落为模式的乡村聚落空间布局模式，并根据主导产业布局要求，凝练、提升本乡镇的产业水平。乡镇级规划能够具体到本乡镇村庄的布局调整、产业提升、基础设施建设等乡村振兴的核心问题，因此，乡镇级别的规划是乡村振兴能够落地实施的关键。

4. 村级实施

在乡镇级规划的基础上，村级规划重点在落实乡级规划中提出的生态宜居、美丽村落的规划设计及设施，乡村基层组织建设，乡村文化振兴及乡村产业融合的设计与实施，是实施层面的规划，其更加详细、更具有可操作性，属于操作层面的规划，是乡村产业、乡村建设、乡村文化、生态治理和乡村组织建设的多规合一的规划设计。

第二节 乡村振兴规划编制的内容及框架

乡村振兴从国家战略方面来看涉及产业振兴、人才振兴、生态振兴、文化振兴和组织振兴五大方面，包括了从产业、人力、环境治理、文化挖掘到乡村社会治理的方方面面。作为一个乡村振兴的规划，无论是哪个层面的规划，都应该包含对规划背景的分析；规划对象的本底状况的调查、分析、评价，规划思路、规划相关产业及政策等方面的内容。

一、规划编制的内容

1. 规划背景

这一部分是对乡村振兴国家、省、市等各个层面的政策的梳理，提出国际、国内、区域层面上编制规划的背景及必要性。规划还应该包括对规划区自然资源、社会经济、产业现状及乡村演变趋势分析与研判等内容。

2. 规划思路

在基于对乡村振兴背景、振兴基础、乡村聚落发展趋势研判的基础上，提出乡村振兴规划编制应该遵循的指导思想、规划目标、规划遵循原则、依据、思路及规划基本内容与布局等。

3. 规划重点内容

这部分属于规划主体，是在规划思路的架构下，对产业、人才、生态、文化、组织等项目的核心内容进行具体的方案设计。

4. 规划对策

针对规划的内容，凝练规划项目、编制规划预算、科学规划实施的期限。根据规划实施要求，提出保障规划实施的机制、体制及政策上的保障措施。

二、乡村振兴规划编制的基本框架

规划的框架结构是规划编制过程中遵循的基本依据，反映规划者的逻辑思路及其对规划的把握。先干什么，其次干什么，最后干什么，是按照逻辑顺序布局规划内容的纲领性文件。乡村振兴规划编制的基本内容概括为四大板块，这四大板块在框架结构上按照如下逻辑结构进行布局。

现以国家《乡村振兴战略规划 2018—2022》（以下简称《规划》）为例进行框架结构分析。

《乡村振兴战略规划 2018—2022》框架结构分析

前言：总论

第一篇　规划背景：重大意义、振兴基础、发展态势三大部分内容。

第二篇　总体要求：指导思想和基本原则、发展目标、远景谋划等内容。

第三篇　构建乡村振兴新格局：统筹城乡发展空间、优化乡村发展布局、分类推进乡村发展、坚决打好精准脱贫攻坚战。

第四篇　加快农业现代化步伐：夯实农业生产能力基础、加快农业转型升级、建立现代农业经营体系、强化农业科技支撑、完善农业支持保护制度。

第五篇　发展壮大乡村产业：推动农村产业深度融合、完善紧密型利益联结机制、激发农村创新创业活力。

第六篇　建设生态宜居的美丽乡村：推进农业绿色发展、持续改善农村人居环境、加强乡村生态保护与修复。

第七篇 繁荣发展乡村文化：加强农村思想道德建设、弘扬中华优秀传统文化、丰富乡村文化生活。

第八篇 健全现代乡村治理体系：加强农村基层党组织对乡村振兴的全面领导、促进自治法治德治有机结合、夯实基层政权。

第九篇 保障和改善农村民生：加强农村基础设施建设、提升农村劳动力就业质量、增加农村公共服务供给。

第十篇 完善城乡融合发展政策体系：加快农业转移人口市民化、强化乡村振兴人才支撑、加强乡村振兴用地保障、健全多元投入保障机制、加大金融支农力度。

第十一篇 规划实施：加强组织领导、有序实现乡村振兴。

国家《规划》从宏观角度按照背景分析、条件评价、总体要求、产业、生态、文化、基层组织建设、民生改善和政策保障思路，构架了国家层面乡村振兴战略规划框架，并针对乡村振兴目标及国家战略宏观指导作用，对乡村振兴的各个方面提出了相应的控制性要求，是地方各级政府编制乡村振兴规划的基本依据。

省、市、县、乡、村行政层级应依据国家《规划》的要求，合理规划框架结构。根据对国家规划框架的分析和乡村振兴的基本要求，无论是哪个层级的规划，采用什么样的规划框架，都应该包括乡村振兴中的最核心的、最基本的内容。即以下基本框架结构。

《XXXX 乡村振兴战略规划 2018—2022》

前言
第一章　规划背景
第二章　振兴基础
第三章　规划思路
第四章　乡村振兴格局重构

第五章　乡村产业振兴
第六章　生态振兴
第七章　文化振兴
第八章　组织振兴
第九章　农村基础设施建设及民生
第十章　规划组织与政策保障

第三章　编制乡村振兴规划背景分析

规划编制的背景分析是阐述规划编制的必要性和重大意义，是任何一种规划中都必须呈现的内容，是对国际、国内、区域和行业发展的宏观战略判断，是后续规划定位的重要依据。该部分内容体现了规划编制对规划的认识。在国家乡村振兴战略规划中，第一部分背景分析包括了重大意义、振兴基础、发展态势等内容。

第一节　规划编制意义的凝练

明确从事工作的重要性和意义，是开展工作的动力所在。为什么要开展乡村振兴、为什么要规划先行、如何编制规划、如何更好地实施规划，是规划编制的意义所在。如何从多维度、战略高度总结和凝练乡村振兴的意义，是乡村振兴规划编制的第一步。那么在规划编制的规程中，如何凝练和总结乡村振兴的意义？

一、编制乡村振兴规划意义凝练的角度

1. 空间层级维度上分析规划编制的意义

空间层级乡村振兴规划编制意义的总结和凝练是指从国家—省—市—县不同区域层面上解析，由乡村振兴战略实施带来的不同效应与影响。

(1)从国家层面上解析编制规划的意义。规划方案的编制是否首先是对国家某项重大战略政策实施的支撑，是否具有明确的国家战略需求。如乡村振兴战略是今后30年我国“三农”问题的总抓手，因此，编制乡村振兴战略实施方案，首先是对国家战略的支撑。

(2)从区域经济社会发展的战略维度分析规划编制的意义。作为指导区域经济发展的实施方案，规划的编制在促进区域经济发展、解决民生

的问题方面能够起到什么样的引领,或者带动作用。要分析和评判规划实施在带动区域社会经济发展的作用,如某地市在农业产业规划编制中提出,通过该规划的实施,能够有效提升该区域农业发展水平,对区域农业现代化提升具有重要的示范意义。

(3)对本地区乡村社会发展的支撑意义。如果前两个方面是规划编制产生的联动效应、辐射效应或者间接效应的话,那么对规划区而言,由于规划实施带来本区域社会经济的发展、乡村面貌的改善、农业产业化水平的提升、农民收入的增加等则属于直接意义。因此,规划对于本区域乡村社会发展支撑和引领的意义不言而喻。

2.产业维度上分析乡村振兴规划编制的意义

乡村振兴,产业振兴是重点。通过规划的实施,优化产业结构、凝练产业特色、明确主导产业、提升产业发展水平、完善产业体系是乡村振兴规划编制的重点。

3.国家战略维度上分析乡村振兴规划编制的意义

乡村振兴是今后我国“三农”问题的总抓手。在乡村振兴规划编制的过程中,规划所能够承接和完成的国家使命,是规划编制和实施的重要使命,也是规划的重要意义所在。因此,规划编制过程中,从国家战略维度,凝练和总结规划编制的意义,是考验规划编制者对编制规划的认识和对国家战略的理解。

4.民生角度解析乡村振兴规划编制的意义

乡村振兴,生活富裕是根本。从某种意义上来讲,编制乡村振兴规划方案,科学实施乡村振兴战略,促进区域经济发展,能不能使老百姓生活富裕,能不能使乡村居民在乡村振兴的过程中有获得感、幸福感,是规划编制最核心的意义。

5.从城乡统筹发展维度上分析规划编制的意义

乡村振兴规划编制,要注重城市与乡村的统筹发展。乡村振兴不仅仅是乡村的事情,乡村的振兴必须要和城市的协调发展结合在一起。在城市化的过程中发展乡村,两者绝不是平行线,而是互相渗透,互为动力,互为资源和互为挑战。因此,规划编制者,无论从事哪一级规划,都需要将城乡统筹的意义凝练和总结到规划编制中去。

二、乡村振兴规划意义编写的规范

1.语言上的概括性

作为规划方案中对规划意义的阐述，语言上力求简洁、给力、高度的概括。规划意义的字数控制在400～600字即可。

2.内容上的现实性

根据规划的层级，规划所产生的效果并不相同。国家层面的规划是针对全国而言，要体现全局性、政策方向性以及对全国层面的影响。因此，意义的凝练需要从更高的层面来分析和总结。

省市规划是区域性和地方性的，是对国家战略、国家意志和政策的贯彻和执行。因此，其意义的凝练是建立在对国家政策、战略承接上产生的效应，以及由于规划的实施而对本区域所产生的各种效应的基础上。

县或者乡镇级的规划，基本上属于控制性与操作性之间的规划。其主要是对上层规划的目标和要求的实施，因此，这一层级规划意义的凝练和总结是对上层规划的承接，以及对促进本地区产业、生态、文化、组织和治理等方面的现实意义。

综上所述，乡村振兴规划编制的意义凝练是多维度的，应根据规划的层级，凝练其意义，无需面面俱到，但应该根据规划目标聚焦意义。

《乡村振兴战略规划2018—2022》规划意义

乡村是具有自然、社会、经济特征的地域综合体，兼具生产、生活、生态、文化等多重功能，与城镇互促互进、共生共存，共同构成人类活动的主要空间。乡村兴则国家兴，乡村衰则国家衰。我国人民日益增长的美好生活需要和不平衡不充分的发展之间的矛盾在乡村最为突出，我国仍处于并将长期处于社会主义初级阶段的特征很大程度上表现在乡村。全面建成小康社会和全面建设社会主义现代化强国，最艰巨最繁重的任务在农村，最广泛最深厚的基础在农村，最大的潜力和后劲也在农村。实施乡村振兴战略，是解决新时代我国社会主要矛盾、实现“两个一百年”奋斗目标和中华民族伟大复兴中国梦的必然要求，具有重大现实意义和深远历史意义。（综述）

实施乡村振兴战略是建设现代化经济体系的重要基础。农业是国民经济的基础，农村经济是现代化经济体系的重要组成部分。乡村振兴，产业兴旺是重点。实施乡村振兴战略，深化农业供给侧结构性改革，构建现代农业产业体系、生产体系、经营体系，实现农村一二三产业深度融合发展，有利于推动农业从增产导向转向提质导向，增强我国农业创新力和竞争力，为建设现代化经济体系奠定坚实基础。

实施乡村振兴战略是建设美丽中国的关键举措。农业是生态产品的重要供给者，乡村是生态涵养的主体区，生态是乡村最大的发展优势。乡村振兴，生态宜居是关键。实施乡村振兴战略，统筹山水林田湖草系统治理，加快推行乡村绿色发展方式，加强农村人居环境整治，有利于构建人与自然和谐共生的乡村发展新格局，实现百姓富、生态美的统一。

实施乡村振兴战略是传承中华优秀传统文化的有效途径。中华文明根植于农耕文化，乡村是中华文明的基本载体。乡村振兴，乡风文明是保障。实施乡村振兴战略，深入挖掘农耕文化蕴含的优秀思想观念、人文精神、道德规范，结合时代要求在保护传承的基础上创造性转化、创新性发展，有利于在新时代焕发出乡风文明的新气象，进一步丰富和传承中华优秀传统文化。

实施乡村振兴战略是健全现代社会治理格局的固本之策。社会治理的基础在基层，薄弱环节在乡村。乡村振兴，治理有效是基础。实施乡村振兴战略，加强农村基层基础工作，健全乡村治理体系，确保广大农民安居乐业、农村社会安定有序，有利于打造共建共治共享的现代社会治理格局，推进国家治理体系和治理能力现代化。

实施乡村振兴战略是实现全体人民共同富裕的必然选择。农业强不强、农村美不美、农民富不富，关乎亿万农民的获得感、幸福感、安全感，关乎全面建成小康社会全局。乡村振兴，生活富裕是根本。实施乡村振兴战略，不断拓宽农民增收渠道，全面改善农村生产生活条件，促进社会公平正义，有利于增进农民福祉，让亿万农民走上共同富裕的道路，汇聚起建设社会主义现代化强国的磅礴力量。

第二节　振兴基础的内容与编制要求

一、振兴基础的内容

规划编制中，对规划区域的自然、社会及政策等资源现状的分析和评价，是规划编制的基本要求。区位优势、自然资源、社会资源是乡村振兴的基础。

1.乡村振兴的区位优势基础

指规划区域在地理空间上与相邻、相近区域的距离，以及在区域经济中扮演的角色及地位。区位优势基础，是乡村振兴中，对规划乡村或对象在区域经济、生态、文化中扮演角色的定位的初步分析和研判，是乡村振兴最根本的基础。

2.乡村振兴的自然资源与生态基础

自然资源包括气候、土地、水、土壤质地、地形地貌、生物资源等生态资源，是乡村振兴中有机农业发展、优质农产品生产的基础，是提升农业农村发展质量的最核心的基础。

3.乡村振兴的经济社会发展基础

规划区域内近 10 年或者更长时间内在农业产业结构优化调整、优势产业与特色产业的凝练、产业基础设施建设、农业科技资源基础、农业科技能力支撑基础、乡村基础设施建设基础、人才与组织建设基础等，是规划区域长期以来社会经济发展奠定的基础，是乡村振兴最重要的基础。

4.乡村振兴的文化基础

乡村是中国传统农耕文化传播的载体，中国的传统农户耕植于乡村土壤、耕植于乡村农业生产之中、耕植于乡野田间的生活情趣之中；南北之间、民族之间、历史之中，由于地域差异、民族差异、生产方式差异，导致乡村振兴文化的多元化差异，梳理优秀的乡村文化是乡村振兴的基础，也是实现产业与文化融合的关键。

二、振兴基础编制规范

1. 内容上的要求

县级及以下层级的规划编制，在振兴基础的分析中，要明确分析乡村振兴的区位、自然、社会、生态、文化等方面的内容。

2. 层次要求

分层分析振兴的产业、生态、文化、人才和组织振兴的基础，每一个层面要有明确凝练的结论，层次清楚，逻辑严密。

3. SWOT 分析

明确分析规划区域的优势、劣势、机遇、挑战，提出明确的分析结论。

4. 表达方式

要求数据准确、图文并茂。

《乡村振兴战略规划 2018—2022》振兴基础范例

1. 党的十八大以来“三农”工作的一系列重大举措和开创性工作，推动农业农村发展取得历史性成就、发生历史性变革，为党和国家事业全面开创新局面提供了有力支撑。

2. 农业供给侧结构性改革取得新进展、农村改革取得新突破、城乡发展一体化迈出新步伐、脱贫攻坚开创新局面和农村公共服务和社会事业达到新水平。

3. 当前我国农业农村基础差、底子薄、发展滞后的状况尚未根本改变，经济社会发展中最明显的短板仍然在“三农”，现代化建设中最薄弱的环节仍然是农业农村。

第三节　发展态势

发展态势是对规划区域未来几年的或者更长时间的发展演变作出科学的宏观判断，是乡村振兴规划编制中对规划区未来乡村发展态势的科学研判，是指导未来相关政策制定、乡村聚落布局、产业结构调整、规划目标设定的重要依据。

一、发展态势研判的编制内容

发展趋势的分析一般包括与乡村振兴相关政策研判、区域社会经济发展水平研判、城乡融合发展趋势研判、乡村类型发展研判、乡村聚落与空间重构研判、农民对乡村社会发展期望研判等，从多层面、多角度、多维度分析乡村振兴战略的研判。

1. 乡村振兴相关政策研判

通过梳理近年来国家、省市等层面关于乡村振兴、农业农村等领域出台的政策，根据乡村振兴战略对城乡融合发展的要求，对农业产业化发展的客观需要，对乡村聚落布局的调整需要，对美丽乡村人居环境的需要，就相关政策需要进行客观的研判。

2. 区域社会经济发展水平研判

区域社会经济发展水平对乡村振兴具有重要的作用。客观研判未来几年规划区域的社会发展水平、农业产业结构、农业现代化程度、农业产业化程度和标准化水准，是乡村产业发展态势的重要研判内容。

3. 城乡融合发展趋势研判

城市化是乡村振兴的前提，中国的乡村振兴与城市化和城镇化是紧密联系的，缺乏城市化或者城镇化的乡村振兴是不现实、不客观的，没有乡村振兴的城市化、城镇化是失败的城市化。城市和乡村并不是某种产业、某些特定人群的住宿空间，城市或者城镇中并不排斥农民和农民就业者，同样乡村作为居住空间，理应欢迎城市居民居住和从事农业生产。让不同的人群选择居住的场所和从事的职业，是城乡住所融合和产业融合的标志，是一个社会进步的表现。

4. 乡村类型发展研判

中国乡村类型的演变，其实是中国农业产业多元发展演化的结果。在传统的农业社会，粮食和牧业生产是中国农业的主要产业，因此中国乡村类型简单可以划分为粮食主导型和草原牧场型。草原牧场以游牧为主要形态，几乎没有形成稳定的乡村聚落，谈不上乡村类型。但是随着生产力的发展，中国农业的结构由单一的粮食作物种植逐渐分化，出现了蔬菜、果类、药材、杂粮、乡村休闲等多种产业，乡村也逐步由粮食主导演变为园林果蔬、特征作物、生态保护等类型。因此，科学研判规划区内产业发展的趋势，根据产业发展趋势研判乡村变化的类型，对乡村振兴规划设计具有重要的意义。

5. 乡村聚落与空间重构的研判

根据实地调查，人口老龄化问题是中国乡村面临的主要问题和挑战之一。乡村人口年龄大部分在55岁以上，随着这一部分人口的逐渐老去，乡村的空心化问题日渐突出，乡村的自然衰落和撤销成为必然。因此，分析现阶段乡村人口的年龄结构，客观评判未来乡村聚落的演变趋势，是重构乡村空间布局的前提。

6. 农民对乡村社会发展期望

乡村振兴的最终目标是农民富裕、增加农民的获得感，而且随着不同的阶段，居民对乡村振兴的期望值是会发生变化的。通过对现阶段居民生活水平、文化需求、个人满足等的分析，结合乡村振兴产业发展趋势、经济社会发展水平趋势的研判，加以分析今后几年乡村振兴中居民对乡村社会发展的期望，可以确定规划的目标，使规划的目标具有超前性。

二、发展态势编制规范

1. 内容要求

发展态势分析内容建议根据规划的层次性，确定编制内容。

(1)省市级规划。注重对国际、国内及“三农”政策历史、现实和未来的分析与研判，基于乡村振兴未来产业供给侧结构调整、乡村社会发展的需要，制定和出台的地方政策及法规的研判，从宏观层面上进一步研判本区域主导产业发展演变的趋势。

(2)县级规划。注重对本区域乡村振兴各层次政策层面、社会经济发展层面、主导产业与特色产业发展层面、城乡融合统筹层面上的发展态势的分析与研判，以便指导下级规划确定规划目标和重点。

(3)乡镇级规划。在县级规划的基础上，就本乡镇主导产业、乡村聚落的空间布局、乡村居民在未来需求与期望方面作出科学客观的分析与研判。这一层次上重点是落实县级乡村振兴规划中对主导产业发展趋势研判的结论，对本乡镇乡村聚落的空间重构问题作出科学的研判和分析，明确提出哪些村是重点建设村，哪些村是经过若干年之后可能消失，现在需要撤并的哪些村；哪些生态问题是生态振兴中亟待解决和商榷的问题。

（4）村级规划。明确分析研判本村的特色主导产业的发展趋势，并根据上级乡村振兴研判的结果，落实主导产业布局和发展方案，开展本村美丽宜居乡村建设、生态整治和乡村组织建设的具体方案的分析与研判，并就本村乡村振兴需要的政策提出要求。

2. 表达形式上的要求

（1）层次要求。层次清楚，逻辑关系合理。从政策发展、产业凝练、乡村聚落的重构、美丽乡村建设、居民的期望等层面开展分析。不同层级的规划，在内容上可以有所侧重。省市侧重宏观政策层面研判，县级侧重对主导产业空间布局等基于乡村的供给侧结构改革政策需求的研判，乡镇级侧重对主导产业落实、乡村聚落空间重构、乡村组织振兴等方面的科学研判，村级注重美丽村庄建设、基础设施任务落实及乡村主导产业实施等在政策层面需求的分析。

（2）表现形式。既可以是文字分析，也可以图文结合，灵活多样，表述清楚即可。

第四章　规划编制的基本思路

规划思路是规划编制的灵魂部分，具有承前启后的作用。它是通过对乡村振兴基础的分析和乡村振兴发展态势的研判。提出规划区乡村振兴的基本构架。其主要内容包括指导思想、基本原则、发展目标、规划内容及空间布局等。

第一节　规划指导思想编写要求

一、指导思想编写的内容

1.指导思想的含义

顾名思义，思想由思和想两个字构成，这两个字反映的其实是思和想两个过程，一个是向内的思的过程、一个是向外的想的过程。指导思想，是指从事或者设计某一任务或者方案的过程中，应该遵循的基本理论、政策和指示，是指编制的规划方法必须符合国家战略目标，与国家意志和现行政策一致。规划作为对一个区域今后几年甚至几十年经济社会发展的指导性的方案，必须立足于我国政治、经济体制，必须与国民经济和社会发展的基本指导思想以及社会主义政治经济建设相一致。

2.指导思想的内容

指导思想是国民经济和社会发展的纲领性文件，是长期以来，指导国家政治、经济建设的重要理论指导。如十九大党章载明："中国共产党以马克思列宁主义、毛泽东思想、邓小平理论、'三个代表'重要思想、科学发展观、习近平新时代中国特色社会主义思想作为自己的行动指南，这是新时期党的指导思想。"这些指导思想不仅仅是中国共产党的行动指南，也是中国共产党治国理政的指南。因此，乡村振兴作为党在新时代对"三农"问题的重大战略决策，必须遵循这些基本的政治思想。

其次，对不同行业、不同阶段的事情，国家在经济、社会发展过程中提出的发展理念和发展规划也是指导乡村振兴的基本思想之一。如国民经济不同阶段的发展规划纲要等纲领性文件。

第三，在乡村振兴战略中，产业振兴、生态振兴需要一些理论来支撑，特别是引领国家经济社会发展的自然科学与社会科学领域中经典的理论，如可持续发展理论、循环经济理论。

第四，规划编写中，应该包括对规划实施过程中的要求、概述规划内容、实施之后应该达到的预期目标及意义等。

因此，规划指导思想的撰写既要有国家战略层面上的经典政治思想，也要包括国民经济社会发展各层级纲要、指导经济社会发展的基本理论、规划要求、规划内容及预期目标等层面的内容。

二、指导思想编写的规范与要求

1. 内容上的要求

无论是哪一级规划，在规划编制规程中，内容上应该包括政治纲领、经济层面纲领、指导经济社会发展的最核心的学科理论。以国家的规划为例。

《乡村振兴战略规划 2018—2022》指导思想

政治纲领：深入贯彻习近平新时代中国特色社会主义思想。

经济纲领：深入贯彻党的十九大和十九届二中、三中全会精神。

采取措施：加强党对“三农”工作的全面领导，坚持稳中求进工作总基调，牢固树立新发展理念，落实高质量发展要求，紧紧围绕统筹推进“五位一体”总体布局和协调推进“四个全面”战略布局，坚持把解决好“三农”问题作为全党工作重中之重，坚持农业农村优先发展。

规划要求：按照产业兴旺、生态宜居、乡风文明、治理有效、生活富裕的总要求。

实施内容：建立健全城乡融合发展体制机制和政策体系，统筹推进农村经济建设、政治建设、文化建设、社会建设、生态文明建设和党的建设，加快推进乡村治理体系和治理能力现代化，加快推进农业农村现代化，走中国特色社会主义乡村振兴道路。

目标意义：让农业成为有奔头的产业，让农民成为有吸引力的职业，让农村成为安居乐业的美丽家园。

2.层次要求

包括政治理论指导思想——规划期的国家及地方经济纲领——学科理论或者发展措施——规划要求——实施内容——目标和意义等层面。

3.表达方式

思路清晰,层次明确,字数在400字左右,语言精练。

第二节　乡村振兴规划编制指导原则的要求

一、规划编制指导原则的内容

1.规划编制指导原则的内涵

所谓的原则是指观察问题、处理问题的准则;是反映事物的本质,事物的原生规则。对问题的看法和处理,往往会受到立场、观点、方法的影响。原则是从自然界和人类历史中抽象出来的,只有正确反映事物的客观规律的原则才是正确的。

在编制规划的过程中,根据规划的属性和涉及的领域,必须遵循规划区域的自然、社会及经济发展的规律,必须遵守一定的原则。这个"原则"可以大也可以小,可以是抽象的理论,也可以是实践结论。

2.乡村振兴规划方案编制指导原则内容

乡村振兴规划方案的编制,不同于其他的农业的产业规划,其规划编制的原则应该包含产业振兴、人才振兴、生态振兴、文化振兴、组织振兴及农民增收等方面的内容,是一项复杂的系统工程。因此,乡村振兴规划方案编制的原则,必须要以乡村为主导、以农民为中心、以农业为抓手、以生态为支撑、以文化为灵魂、以组织为保障。统筹好城市化、城镇化与乡村振兴的关系,统筹好农业生产发展与山水林田湖草生态保护治理的关系,规划方案编制必须要具有针对性。

乡村振兴规划编制遵循的原则有一些是共性的,有一些与规划的属性和规划的区域关系密切。如关于以坚持党管农村、以农村为中心,改善农村居民生计问题、生态保护、可持续发展、因地制宜等原则。这些原则一般都是乡村振兴规划编制的共性原则,是乡村振兴规划编制中应该遵循的基本原则。除此之外，乡村振兴规划方案的编制，应该根据规划的层级和规划的对象遵循具有地方对策的原则，如在产业发展方面，可以遵循特色产业与主导产业结合原则。

除了上述共性原则外，不同的规划，还应针对其规划属性，遵循相应的特殊原则：

——农业产业规划应该遵循主导产业与辅助产业相结合原则；

——农业科技园区规划应该遵循科技创新与示范相结合原则；

——生态农业规划应该遵循物质循环利用原则；

——循环农业规划应该遵循适量化、资源化、再循环、可控化的“4R”原则。

具体规划的原则应该依据规划属性决定，做到科学合理，而不要“千人一面”。

二、指导原则的编写要求

1. 内容上的要求

乡村振兴规划编制指导原则应该包括党管农村、以农村为中心、改善农村居民生计问题、生态保护、可持续发展、因地制宜等原则。除此之外，根据规划的属性，还应该遵循具有地域特色的一些原则。

2. 层次要求

包括政策原则——农村发展——可持续发展——特色原则等层面。

3. 表达方式

思路清晰，层次明确，字数在600～800字左右，分层撰写，标题要掷地有声。以国家《规划》为例。

《乡村振兴战略规划2018—2022》指导原则

——政策：坚持党管农村工作。

——农业农村：坚持农业农村优先发展。

——农民主体：坚持农民主体地位。

——发展程度：坚持乡村全面振兴。

——城乡统筹：坚持城乡融合发展。

——可持续发展：坚持人与自然和谐共生。

——改革创新：坚持改革创新、激发活力。

——地域特色：坚持因地制宜、循序渐进。

第三节　乡村振兴规划编制的依据

一、规划编制依据的内容

根据《辞海》的解释：依据有把某种事物作为依托或根据，作为根据或依托的事物两种解释。作为规划的依据，显然是前者。编制规划遵循的依据根据其来源可以划分为三个来自国家、省市和县级层面制订的政策、法律、法规。有些是作为参考的，如国家的中长期规划，或者某一领域的专项规划；有些是必须遵守的，如全国人大制定和国务院颁布的法律和法规，如《循环经济法》《环境保护法》《森林保护法》等法律条文。在规划过程中涉及的部门法律，必须是强制性执行的。规划的方案不能和国家、地方的法律冲突或者矛盾。规划中经常作为依据用的规划和法规性文件，列举几种如下表。

表 4－1　乡村振兴规划编制中引用作为依据的文件

文件类型	名称	备注
规划类	中国国民经济与社会发展的“十三五”规划纲要	国家规划
	国家中长期科学和技术发展规划纲要(2006－2020 年)	国家规划
	全国农村经济社会发展第十个五年计划	国家规划
	全国农村经济社会发展“十三五”规划	国家规划
	国家“十三五”农业发展规划	国家规划
	20XX 年中共中央一号文件	国家政策
	XX 省国民经济和社会发展的“十三五”规划纲要	省级规划
	XX 省“十三五”农业发展规划	省级专项规划
	XX 市“十三五”农业发展规划	省级专项规划
	《乡村振兴战略规划(2018－2022 年)》	专项规划
	《XX 省乡村振兴战略规划(2018－2022 年)》	专项规划
	《XX 区域发展与扶贫攻坚规划(2011－2020 年)》	专项规划
	《XX 市全域旅游发展总体规划》	专项规划
	《XX 县城市总体规划(2016－2030 年)》	专项规划
	《XX 市 XX 县 XX 镇 XX 村美丽乡村规划》	专项规划

续表

文件类型	名称	备注
政策法规类	《中华人民共和国城乡规划法》(2008 年)	国家法律
	《中华人民共和国土地管理法》(修正)(2004 年 8 月)	国家法律
	《中华人民共和国农业法》(2003 年修订)	国家法律
	《中华人民共和国农村土地承包法》(2003 年)	国家法律
	《中华人民共和国森林法》(修正)(1998 年 4 月)	国家法律
	《中华人民共和国旅游法》(2013 年 10 月)	国家法律
	《中华人民共和国环境保护法》(2014 年修订)	国家法律
	《中华人民共和国公路法》(2004 年)	国家法律
	《村庄整治技术规范(GB50445—2008)》(2008 年)	国家法律
	《基本农田保护条例》(1998 年)	国家法律
	《城乡规划编制办法》(2006 年 4 月 1 日起施行)	国家法律
相关文件	《中共中央、国务院关于实施乡村振兴战略的意见》(2018 年)	政策法规
	《关于深入推进农业供给侧结构性改革 加快培育农业农村发展新动能的若干意见》(2017 年)	政策法规
	《关于落实发展新理念加快农业现代化实现全面小康目标的若干意见》(2016 年)	政策法规
	《关于加大改革创新力度加快农业现代化建设的若干意见》(2015 年)	政策法规
	《农业部关于创建国家现代农业示范区的意见》(2009 年)	政策法规
	《XX 省第十三个五年规划纲要》(2016 年)	政策法规
	《XX 省关于实施乡村振兴战略的实施意见》(2018 年)	政策法规
	《XXX 市关于实施乡村振兴战略加强新时代三农工作的意见》(2018 年)	政策法规
	《中共中央、国务院关于实施乡村振兴战略的意见》(2018 年)	政策法规

作为乡村振兴规划,规划委托单位所在地政府对规划涉及内容的相关政策也是规划过程中必须参考的依据,以保证政策与规划的一致性和持续性。

二、指导原则的编写要求

1. 内容要求

需包括规划编制过程必须遵守的各种法律法规、政策、规范及各种相关的上位规划文件。

2. 层次要求

包括国家——省——地方及规划区的上位其他规划。层次分明，体系完善。

3. 表达方式

思路清晰，层次明确，逐条分层撰写。

第四节 乡村振兴规划编制的目标

一、规划目标的内涵

目标是个人、部门或整个组织所期望的成果。规划目标是通过规划方案的实施所要达到的经济、生态和社会效益的目的，是规划方案的核心内容之一。规划内容是达到规划目标所要完成的具体计划、措施和工程，具有和规划目标的一致性和可操作性。

规划目标的设定应该符合 SMART 原则，即具有明确的(specific)、可测量的(measurable)、行动导向的(action－oriented)、务实的(realistic)、有时间表的(time－related)或称之 PRAMKU：P—精确(precise)、R—现实性(realistic)、A—可实现性(achievable)、M—可测量性(measurable)、K—知名性(known)、U—被理解性(understandable)。根据规划的属性，规划的目标既有综合性战略发展总体目标，也有基于规划方案实施过程的阶段性目标，即所谓宏观整体目标与阶段考核目标的结合，但所有这些目标都应符合 SMART 原则。

乡村振兴规划目标的确定是基于对规划区乡村的自然资源、社会经济状况实地考察、统筹谋划的基础上，通过科学规划方案在一定区域、一定时期实施后，在种植业、养殖业、农产品加工业、农村基础设施建设等从生态、经济和社会所要达到的目的。该目标同样具有明确性、可测量性、行动导向、务实性和有时间性共同特征，符合 SMART 原则。一般规划目标包含经济、生态和社会三个方面的内容。

(1)乡村经济目标。规划是人类有意识地开发自然资源，科学有计划、有目的地组织实施的行动方案，是为了获得最大利益而采取的行动计划。因此，规划的经济目标是规划方案所要实现的核心价值。通过对资源开发，实现经济增长，是规划目标的基本出发点，也是目前我国通过区域特色农业资源的开发，解决农业增效、农民增收和农村发展的主要措施和途径，是乡村振兴规划的灵魂。

(2)乡村生态治理目标。生态治理是乡村振兴中美丽宜居乡村建设的核心内容之一，是反映一个地区乡村振兴目标能否实现的核心指标，是乡村文化、人文和宜居的综合体现。生态治理与保护目标应该包括产业生态环境保护、乡村人居环境治理及生态保护机制与体制构建三个层面内容。

(3)乡村社会发展目标。经济和环境的改善最终要体现在规划区域的社会发展。社会发展是一个综合性的指标，反映该区域内收入水平、环境保护、教育设施、医疗、交通、文化、人口素质、受教育年限、社会保障体系等综合性的一系列指标。通过规划的实施，提高居民的收入，改善环境、教育和医疗等基础设施，人口的受教育水平和年限、居民的养老、医疗等保障体系建设要达到指定目标。

乡村振兴规划的目标除了前面三大内容之外，还应该包括由产业兴旺、生态宜居、乡风文明、社会治理、生活质量以及其他方面的特色指标。整个评价乡村振兴目标的指标由 5＋N(若干具有地域特色的指标)组成，5 个一级指标下可以包含若干个二级指标；N 个特色指标是指在以上 5 个方面无法包括，却能够反映规划区特色的指标。

二、规划目标的编写要求

1. 内容要求

规划目标应该包括经济、生态和社会三个大的目标，要有宏观上的科学性和微观上的可考察型。

2. 层次要求

从经济—生态—社会三个层面上进行描述，既要有定性的描述，也要有定量数据的说明。

3. 表达方式

规划目标的章法上应该包括以下几个要素：总述—分层目标(经济—生态—社会)—分阶段指标体系(具体的可考察)。

表 4－2 为某地区乡村振兴规划的指标体系。

表 4—2 某区域乡村振兴指标体系及目标值

一级指标	序号	主要指标	基期值	目标值	属性
产业兴旺	1	粮食综合生产能力(kg/亩)			预期性
	2	农业劳动生产率(万元/人)			预期性
	3	农作物耕种收综合机械化率(%)			预期性
	4	休闲农业营业收入占总产值比(%)			预期性
	5	土地适度规模经营比重(%)			约束性
	6	农业生产性服务业占农业增加值比重(%)			预期性
	7	农产品加工与农业总产值比			预期性
	8	农产品电子商务交易额(万元)			预期性
	9	农产品质量安全例行监测总体合格率(%)			约束性
生态宜居	10	农村自来水普及率(%)			预期性
	11	信息基础设施普及率(%)			预期性
	12	对生活污水进行处理的占比(%			预期性
	13	对生活垃圾进行回收处理的占比(%)			预期性
	14	农村卫生厕所普及率(%)			约束性
	15	村庄绿化覆盖率(%)			约束性
	16	秸秆综合利用率(%)			预期性
	17	畜禽废弃物综合利用率(%)			预期性
	18	三类以上水质河道占比(%)			预期性
乡风文明	19	村综合性文化服务中心面积(m^2)			预期性
	20	乡贤会人数			预期性
	21	村史馆面积(m^2)			预期性
	22	学前三年毛入园率(%)			预期性
	23	农村居民教育文化娱乐支出占比(%)			预期性
	24	村级养老入住率%			预期性
治理有效	25	村务财务公开满意度(%)			预期性
	26	村庄规划管理覆盖率(%)			预期性
	27	违法犯罪人数比例(%)			约束性
	28	民众安全满意度(%)			约束性
	29	村规民约普及率(%)			预期性
生活富裕	30	农村居民人均可支配收入增速(%)			预期性
	31	农村居民恩格尔系数(%)			预期性
	32	农村人均住房面积(m^2)			预期性
	33	农村居民养老保险覆盖率(%)			约束性
	34	农村居民基本医疗保险参保率(%)			约束性
此指标体系是根据国家、省、市有关乡村振兴战略文件并结合试点镇村实际综合研判得出。					

注:此表为村级乡村振兴指标体系。

第五节　乡村振兴规划思路编制要求

一、规划内容编写的内涵

乡村振兴规划编制思路中的规划内容是在指导思想、思路、要求目标的基础上对规划内容的总体安排，是承前启后的章节，应该把规划方案的核心内容包含其中。根据乡村振兴规划编制的要求，这部分内容应该包括乡村空间变化、产业振兴、生态振兴、组织振兴、规划设施保障措施等关键核心内容的简介，是后续章节编写的依据。

二、规划内容的编写要求

1. 内容要求

包括乡村聚落空间重构、产业振兴、生态振兴、组织振兴、规划设施保障措施等关键核心内容。

2. 层次要求

按照后续章节前后出现的次序依次安排内容。

3. 表达方式

对每一部分内容进行简要概述，用词简洁。需要附加规划内容总体布局图。

第五章　乡村聚落空间格局重构规划编制方法与要求

未来乡村空间格局的重构是中国乡村社会人口演变与产业变化的发展必然趋势。科学分析乡村聚落空间重构趋势和编制科学方案，对乡村基础设施建设投入、产业形态的规划具有重要的意义。

第一节　乡村聚落空间重构

一、乡村聚落空间重构内涵

乡村聚落空间重构从当前乡村振兴的目标和任务上来看，应该包含三个层面的概念。其一，是区域层面，如县、乡镇层面上，以行政村为主的空间布局，是由于中国乡村社会经济发展、空心村撤销合并之后形成的乡村空间分布格局。第二，是乡村本身的空间重构。传统的中国乡村是典型农业生产型社会为主的乡村，乡村聚落的空间布局围绕种植业、养殖业活动进行布局，如广袤的西北黄土高原地区，乡村聚落的布局基本上是围绕着耕地、草场的分布而布局，其布局原则基本上以方便耕种和放牧养畜为准。乡村聚落异地而建、逐水草而居，比较稀疏。相对而言，在平原地区，由于耕地的分布比较均质化，乡村聚落基本上布局于耕地的中心位置，或者以乡村为半径，形成了种植业布局的特征。第三，乡村聚落空间微观层面上的内容指的是指居民的生活空间、生产空间和生态空间的空间布局。传统的农业社会，如在西北乡村居民的生活空间主要以一家一户的庭院聚集，或者点状的散布为主，以户与户为节点、户与户之间的连接道路为廊道形成的网络状布局模式；在经济比较发达的平原地区则以聚集状态为主。

随着中国经济的发展，居民生活水平的提高，乡村人口的增加以及对乡村土地的保护，传统的分散型的乡村聚落逐步发生了变化，表现在以下几方面。

(1)由分散逐步向聚集状态发展。由于土地的稀缺性和国家对土地资源的管控,在新中国成立以后,尤其是改革开放以后,乡村聚落的发展不是以简单依方便土地耕作为主,而是以方便居民出行、交流和社会的管理为主。乡村布局逐步向交通便捷为主、以方便居民的生活和文化交流为主、以距离市场的远近为主,进行转变。

(2)乡村聚落内部的功能空间发生了改变。传统的乡村聚落基本上以种植业、养殖业和简单的农产品加工业为主,甚至单个农户其庭院的布局也是以家庭种植—家庭养殖—家庭生活为模式。但是随着社会的发展,家庭养殖在相当一部分地区已经退出了农户庭院的功能结构,部分农户甚至撤销种植和养殖生产部门,其庭院仅仅是其生活的空间,庭院层面的结构作为农具放置、粮食储藏、牲畜养殖的需求已经不存在了。随之而来的是居民对文化生活、社会交流和生活水平上改善的需求。

(3)城市化和城镇化对乡村聚落宏观布局具有重要的影响作用。改革开放以来,尤其是2010年以来,随着我国社会经济的快速发展和城镇化迅速推进,大量乡村优质劳动力进入城市,在城市或城镇地方安家落户,使得乡村空心化问题日趋严峻,这也是乡村振兴战略中对乡村聚落重构的重要因素。

二、乡村聚落重构的方法与步骤

如何对区域乡村聚落空间进行重构规划,是乡村振兴中首要解决的问题,涉及乡村振兴、产业振兴、文化振兴、生态建设等基层设施的投入。

1. 区域层面乡村聚落空间重构方法及判定标准

区域乡村聚落的重构重点在县域、乡镇层面上。重构乡村聚落空间格局是一项复杂的系统工程。是建立在基于对规划区乡村户籍人口、常住人口数量、年龄、性别结构、村民在城市、城镇中购置房产、就业等方面综合评判的基础上,分析未来该区域各个村庄乡村常住人口演变与乡村建设的必要性之间的关系,据此确定该区域哪些乡村需要撤销、哪些需要重新建设。

(1)数据来源。利用实地调查和县乡统计的方法,调查和搜集整理行政村为单元户籍人口总数、人口年龄结构,常住人口总数、年龄结构、性别结构,自然乡村人口减员情况;土地弃耕比例。

(2)数据处理。利用GM(1.1)模型预测各个乡村未来5～10年,或者更长一段时间的户籍人口、常住人口。

(3)评判标准。根据预测结果,评判未来5年常住户籍人口衰减为

20%、常住人口为5%～10%，单个自然不足10人以下，其中60岁以上人口占80%；未来10年，常住户籍人口为10%～15%，常住人口为30%～5%，单个自然村人口在10人以下，60岁以上人口占90%的，直接可以判断为空心村。

通过对全县、乡（镇）所有行政村人口居住情况的判定，利用聚类分析的方法，找出各个区域乡村聚落空间分布的聚集村，提出以乡镇为单元、中心村为居住主体、自然村为农事活动的乡村聚落空间重构模式。

2. 乡村聚落空间重构步骤

(1)乡村数量、类型与人口特征的现状调查。

(2)未来乡村人口预测。

(3)不同情景模式乡村类型评判。

(4)乡村聚落聚集度的聚类分析。

(5)乡村聚落空间模式重构。

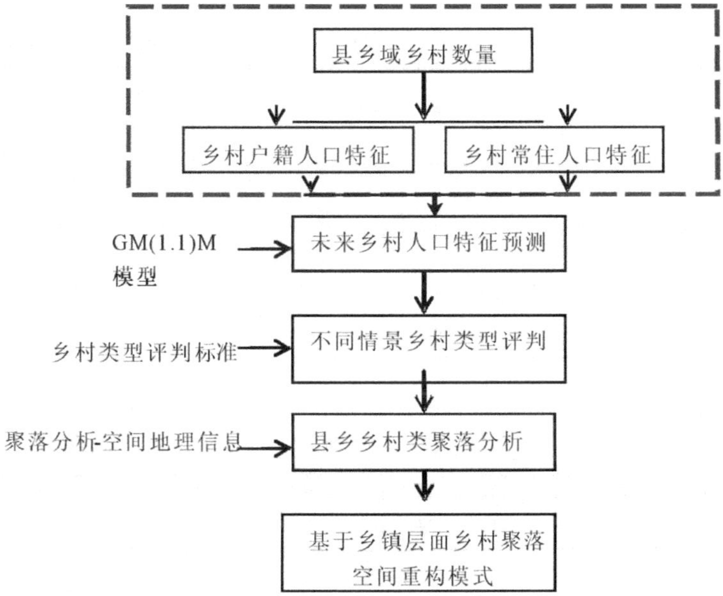

图5—1　乡村聚落空间重构步骤

第二节 乡村空间聚落重构规划内容及编制要求

一、县域乡村数量调查分析

1. 县域乡村聚落数量调查

县域层面有多少个乡村(指行政)、多少个自然村落(村民小组),分别分布在哪些乡、哪些区域,户籍人口、常住人口、劳动力状况、年龄分布;产业布局、生产方式、人均收入、收入来源、村庄区位等是乡村聚落调查的重要内容。具体调查表见表5－1、表5－2。

数据获取方法。本底数据从各县统计年鉴、省和国家统计年鉴中获取各个县、乡行政村的名称和代码数据下载;各个乡镇行政村的户籍数据、产业结构、人口的年龄构成,从县、乡镇一级的统计资料中获取;各个行政村常住人口需要实地调查;产业结构、收入来源、人均收入需要抽样调查。

表5－1 ________县乡村数量调查表(人口结构) 单位 人

序号	村名	所属乡	户籍人口	常住人口	男	女	0—18	18—45	45—55	56—65	65以上

表5－2 ________县乡村数量调查表(产业结构与收入来源)

序号	村名	所属乡	户籍人口	种植业	粮食	油料	经济作物	林果	园艺蔬菜	文化产业	乡村旅游	养殖业	猪	牛	农业收入	务工收入	其他收入

2.乡村聚落演变研判

根据行政村、自然村常住人口、年龄结构及耕地利用情况利用GM(1.1)模型预测未来5～10年该乡村常住人口基本情况。根据评判标准，作出乡村聚落空间布局趋势分析。

二、乡镇层面村落聚集度、重构模式及重构格局

1.村落聚集度

村落聚集度指在一定区域或者空间范围内，单个乡村单元在景观上的完整性、常住人口占区域人口的绝对数。其内涵如下。

行政村为单元的聚集度：某一个行政村可能由两个或者两个以上的自然村构成，其中某一个自然村，其占地面积占整个行政村的50%以上，常住人口占整个行政村的60%以上，该自然村可以认为是该行政村聚集度最高的村，在规划时可以根据其区位状况确定为中心村。

以乡镇为中心的村落聚集度指数分析。对以乡镇为单元的行政村，按照景观指数、人口聚集度指数进行排序。根据行政村的数量和空间布局特征，确定出3～5个景观指数、人口聚集度高(占全乡镇人口80%)的乡村，作为乡镇规划的重点村落。

2.基于聚集度的乡村重构模式

某一区域或者乡镇乡村聚集度可能是均匀分布，也可能是点状分布。根据乡村聚集度的情况，乡镇层面乡村重构可以按照以下模式进行重构。

(1)均匀分布型乡村重构模式。这类乡村在景观上比较一致，村落面积的大小和人口的数量没有明显的优势，在空间上也是点状分布，理论上属于均匀分布模式。该类乡村的重构应该综合考虑主导产业布局、中心村区位、交通以及经济状况确定，以区位条件良好、交通便利、产业特征和优势比较明显的自然村为基础，按照“中心村＋居民点”的模式重构乡村格局。中心村具备完善的幼儿教育、养老设施和休闲娱乐设施，居民点在未来仅仅作为方便从事农业生产的临时休憩场所或者小型家庭农庄。

(2)以高聚集点为中心乡村重构模式。这类乡村景观板块表现为中心村与其他自然村的聚集度的差异比较显著，在景观上形成了以聚集点为中心，其他自然村落为散点的景观格局。聚集点具有较好的人气、完善

基础设施和较为便捷的区位条件。因此，重构模式一般以聚集点为中心村，以自然村落为居民点的模式，人口和产业逐步向中心村转移，自然村落随人口自然减少而消亡，或者逐步转化为以家庭农庄为主的乡村聚落模式。

三、乡村层面空间重构模式设计

根据对乡(镇)域乡村数量的调查，结合对区域内乡村聚集度的分析，在聚集度排序的基础上，以聚集度最高、区位、交通条件最好的村子为中心村，在乡域层面上构建以“中心村＋”为特点的乡村重构模式。

人口逐渐向中心村转移，中小学、养老设施、基础设施的建设都以中心村为重点开展建设。

其他聚集度比较低的行政村和自然村，随着人口的衰减、产业的演变逐渐空心化，进而撤并和自然减退。根据产业发展的要求，这部分衰减的村庄不再进行基础设施的投入，逐渐转化为小规模家庭农庄。

四、编制要求

(1)科学获取第一手乡村数量、人口、人口结构等数据，为乡村数量的重构提供数据依据。

(2)科学预测和研判乡村数量衰减的趋势。根据人口的年龄结构，研判规划区乡村人口自然衰减的趋势。

(3)客观评价乡村聚集度，以聚集度为基础，综合人口数量、乡村区位、产业状况，确定中心村。

(4)科学构建不同层面乡村重构的模式，重点对中心村的产业、文化、生态和组织开展分析。

(5)编制时资料详实、数据来源可靠，分析到位，研判符合事实。语言简洁，评价客观。

第六章　乡村重点任务编制规范

根据乡村振兴战略的要求及要达到的目标，如何振兴产业、生态、文化、人才和组织是规划编制的重点内容，本章就如何编制五大振兴规划，开展一系列探讨。

第一节　产业振兴方案编制规范

一、产业振兴的内容

在国家乡村振兴战略中明确提出“乡村振兴，产业兴旺是重点。构建现代农业产业体系、生产体系、经营体系，实现农村一二三产业深度融合发展，推动农业从增产导向转向提质导向”。因此，产业振兴规划编制中，要在县域层面上明确本区域主导产业、特色优势产业的类型，研究新兴产业的发展趋势，优化一二三产业结构及空间布局，完善现代农业产业生产、经营体系，提升农业现代化水平，提高科技对农业的支撑能力，构建紧密的利益分配连接机制。

二、产业振兴规划编制的框架

产业振兴规划编制应该包括产业现状分析、发展目标、发展思路、主导特色产业的布局规划、实施措施。各部分内容具体如下。

（1）产业现状分析。对规划区域乡村产业发展的现状、存在的问题进行分析，重点就产业结构、布局、生产水平、经营模式、产业环境、科技支撑、农民收入等开展针对性的分析。在此基础上，提出产业振兴的基本思路。

（2）发展目标。提出在规划实施期限内，产业发展应该达到的水平，农民应该达到的收入等经济、社会指标。

(3)产业振兴思路。在对现状分析的基础上,从主导产业和特色产业结构优化与布局,一二三产业融合、新业态构建、新兴经营模式创新、科技支撑产业等方面提出产业振兴的基本思路。

(4)主导产业和特色产业结构优化与布局。根据产业振兴的思路,确定主导产业和特色产业是什么?布局在什么地方?规模多大?生产怎么组织?经营模式怎么构建?百姓怎么介入?利益机制怎么构建?需要明确的规划。

(5)重点产业和任务的规划。诸如种植业、养殖业、乡村旅游、农产品加工业等各主导和特色产业的重点规划。种植业要明确种什么(品种)、种在什么地方(布局)、种多少(规模)、如何种(栽培方法与模式);养殖业也要明确养什么、圈舍在什么地方、养多少、如何养,养殖废弃物怎么处理等问题。

(6)实施措施。针对产业规划内容,明确提出达到规划实现目标的技术措施、政策措施,如利益分配机制怎么构建,确保农民收入怎么在机制上实现。

三、产业振兴编制注意事项

注意三产融合的原则。乡村振兴规划编制中,尤其是产业振兴中,社会普遍关注产业融合。但是产业融合需要因村制宜、因产业性质安排。产业融合在规划编制中需要考虑乡村所在的区位条件、交通条件、文化特征、产业性质,否则单纯的考虑产业融合,缺乏规划区域所在的交通和资源的分析,到头来,加大了基础设施的建设投资,却并不会产生预期的收益。其次,对一些有条件能够融合的村庄,在具体种养殖规划、林果业规划中,如果难以实现三产融合,那么在规划实施的措施或者种植业景观构造上,就应该尽量将休闲、乡村旅游的项目嫁接到种植业和养殖业板块,以实现产业融合,提高效率。

四、产业振兴规划编制的要求

1. 内容上的要求

产业现状分析要透彻,问题分析要切中要害;目标确定要恰当,既要有前瞻性,又要有现实可实现性;主导产业和特色产业的确定要符合现实和未来产业发展的趋势，结构与布局要与当地的生产水平、资源环境相吻合；规划措施要有可行性和可操作性。

2.层次要求

按照现状分析—问题提出—目标—思路—任务—实施措施的思维模式，开展规划编制。

3.表达方式

文字要简洁，只谈做什么、怎么实现，不讨论为什么要这么做，不做过多的解释说明；要求图文并茂，需要产业总体布局图，各个分产业的规划图和重点节点的规划图或者效果图。

第二节　生态振兴方案编制规范

一、生态振兴的内容

《国家乡村振兴战略规划（2018—2022 年）》指出，“乡村振兴，生态宜居是关键。实施乡村振兴战略，统筹山水林田湖草系统治理，加快推行乡村绿色发展方式，加强农村人居环境整治，有利于构建人与自然和谐共生的乡村发展新格局，实现百姓富、生态美的统一。”国家规划明确提出生态振兴包括山水林田湖草生态骨架的系统整治和保护、乡村产业层面的绿色生产和农村人居环境治理三个层面的内容。

(1)山水林田湖草乡村区域生态环境系统治理。主要针对规划区所在的主要生态要素，如森林生态系统、草原生态系统、河湖水域生态系统、保护区名贵动植物等要素的生态保护，针对规划区的生态建设要求，明确提出各种生态系统的具体保护措施，禁止区、限制区等各种等级的生态红线，保护对象、具体措施。

(2)乡村产业层面的生态保护。重点规划区农业产业层面的绿色生产，包括土壤、水、大气、化肥、农药投入和农业管理措施的生态化手段，农业生产方式的绿色化、农业废弃物的资源化循环利用手段等，在整个农业产业上达到生态循环化要求，实现产品的绿色化。

(3)乡村人居环境的建设与生态整治。这是美丽宜居乡村建设的重要措施，重点是对农村居民的人居基础设施改善、重构。居住环境生态整治，包括居民生活、生产、生态三生环境空间布局与重构，村庄基础设施、居民住宅的建设，农村生产、生活垃圾等废弃物的处理、道路整治、乡村绿化、庭院美化、厕所、养殖小区废弃物的无害化处理设施建设等措施。

二、生态振兴规划编制的框架

应该包括乡村生态现状、治理目标、整治思路、重点任务规划、实施措施五个层面的内容。

(1)乡村生态现状分析。客观分析规划区域山水林田湖草、农业产业和乡村人居三个层面生态环境的现状，提出存在的问题。如森林砍伐、水体污染、草场退化、耕地重金属污染、肥力下降、生产和生活废弃物随意弃置、生活环境脏乱差等。从中提出是否有山林破坏、耕地污染、面源污染等问题，为确定治理目标提供依据。

(2)乡村治理目标。通过对规划区不同层面上生态环境现状及存在问题的分析，提出规划所要达到的目标。对区域山水林田湖草保护、农业生态循环绿色发展、乡村人居环境治理等方面提出可考核、可达成的明确的治理目标。

(3)整治思路。针对规划区生态现状及生态治理的目标，提出基于绿色发展、生态文明战略背景下规划区域生态振兴的理论指导、依据和原则，实现途径、重点领域、实施措施及所要达到目标。这是对本章内容规划的总体概述和定位。

(4)重点整治任务。根据规划目标和思路，确定山水林田湖草保护、农业生态循环绿色发展、生态美丽宜居环境建设与生态治理三部分规划的重点内容。

①山水林田湖草生态系统的整治。具体保护内容，如森林生态系统保护什么，采取什么措施、重点保护哪些珍稀物种；水域生态系统中的水资源如何保护、水质污染怎么治理、水源地周边环境怎么治理等；草地生态系统中退化草地如何修复，放牧和草场保护如何处理、采取什么样的方式，要有明确的措施。

②农业生态系统绿色发展的整治，包括主要农田土壤怎么修复和保护，重金属土壤怎么治理、白色污染怎么办，退化土壤怎么修复，农作物秸秆、畜禽粪便怎么生态利用，清洁生产技术怎么实施。

③美丽乡村人居生态环境建设与整治。包括生产、生活、生态三生环境的空间重构,即村庄布局在什么地方、乡村生产区和生活区围绕村庄怎么布局;美丽乡村怎么建设、人居环境怎么整治、绿化怎么做等。

(5)实施措施。针对规划重点任务,在技术层面和政策层面提出实施措施,其中政策层面要结合国家相关生态保护的制度,提出契合本区域生态保护制度的政策建议,如河长制、乡村卫生环境村长制度等。

三、编制注意的事项

1. 美丽生态宜居乡村规划设计应注意事项

美丽宜居乡村是乡村振兴的亮点,也最能直观感受乡村振兴的成效,在美丽宜居乡村规划编制中应注意以下事项。

(1)体现乡村特色。美丽宜居乡村环境的规划必须要考虑当地的生产、交通、民俗、文化等因素,坚决杜绝照搬城市规划,把城市的建筑风格和设计理念搬迁到乡村,失去乡村建筑特色。

(2)突出文化传承。美丽宜居乡村建筑规划要统筹乡村自然资源、文化、民俗、民族、生产特色,突出地域和文化特色,既要对该区域传统文化和风格有所继承,又要体现现代乡村发展的气息。

(3)强化功能。民居设计方面,功能上要与乡村居民的生产、生活和文化活动相结合。生活空间既要舒适,也要有存放生产工具、存贮粮食的功能,突出舒适、实用与乡村的质朴。

(4)彰显风格。我国南北之间,东西之间,甚至县域、乡域之间,民族之间,在建筑风格上差异很大。如黄土高原乡村建筑古朴厚重,西北草原牧区帐篷式建筑风格、西藏藏族特色建筑风格等,无不与当地的居民生产、生活、历史以及环境有非常大的关系。因此,在建设风格上要紧密结合当地历史传承特色,不能千篇一律,突出中式乡村民宅的建筑风格。

2. 乡村生态治理规划注意事项

(1)突出大生态的保护与开发。即针对山水林田湖草生态主体,从制度、技术和政策措施上凸显乡村大生态的保护。同时,将生态保护与当地的产业结合起来,提出保护性开发模式与措施。

(2)生态与文化旅游产业融合。即生态产业化发展理念实施,促进生态保护型乡村的产业发展和百姓收入的提高,将生态优势转化为资源优势和经济优势，拓展收入渠道，提高保护区居民的收入。

生态振兴在关注生态治理和保护的同时，需将乡村生态旅游结合起来，通过生态旅游，拓展规划区域的生态产业链，既保护和治理环境，又增加当地居民的收入，实现生态与经济的双赢，达到“绿水青山就是金山银山”的目标。

四、规划编制的要求

1. 内容要求

生态现状分析要透彻，问题分析要切中要害；生态保护目标要有可操作性和可达成性；每一个层面的保护内容要具体，保护措施要具有可操作性。

2. 层次要求

按照现状分析－问题提出－目标－思路－任务－实施措施的思维模式，开展规划编制。

3. 表达方式

文字要简洁，要求图文并茂，生态保护与旅游要结合，保护区域界线明确，各个节点和重点保护区的图文清楚。

第三节　文化振兴方案编制规范

一、文化振兴的内容

乡村承载着中国传统文化的基因，乡村振兴，乡风文明是保障。中国乡村类型复杂多样，地区之间、民族之间文化非常复杂，在长期的生产和生活过程中，形成了多种多样的文化。通过深入挖掘农耕文化蕴含的优秀思想观念、人文精神、道德规范，结合时代要求，传承、保护、发扬，并创新传统文化的思想、理念、道德规范。文化振兴的内容一般应该包含乡村文化资源的挖掘与梳理、乡村文化的传承与保护设施建设、乡村文化的创新与继承，以及乡村文化的产业化拓展。

二、文化振兴规划编制的框架

乡村文化振兴规划编制应该包含乡村文化资源现状调查评价、规划思路、发展目标、重点规划任务以及实施措施。

1. 乡村资源现状调查与评价

对规划区内的乡村物质文化资源，如宗教文化场所、乡村祠堂、古建筑、古遗址、民居、名人等开展挖掘和梳理；同时对规划区域内的族谱、家规、文化传说、手艺、戏剧等民间非物质文化遗产开展挖掘。在调查的基础上，客观评价物质和非物质文化挖掘、传承和开发过程中存在的问题，对开发价值做出科学、客观的评价。哪些有保护、传承与开发价值，哪些需要近期开发，哪些可以长远一点。

2. 振兴目标

乡村文化是在长期共同生产和生活过程中，生活在同一区域内的村民在对本土文化价值取向认同的基础上，形成的具有鲜明区域、民族、宗教和文化特点的认同感。乡村文化振兴是在对乡村物质和非物质文化遗产挖掘的基础上，甄别优秀传统文化，提出科学的保护、传承，与现代文明嫁接的措施，使之成为新时代端正人们思想、约束人们行为、指导人们行动、调节邻里关系、净化人们心灵、凝聚人们共识、构建和谐社会的精神武器，使中华优秀的传统文化在现代社会里扎根、开花结实。

3. 规划思路

在明确乡村文化振兴目标的基础上，根据乡村文化资源状况，提出乡村物质文化、非物质文化等各种类型文化振兴的基本目标、重点任务、实现途径、采取的措施最终达到的要求。

4. 文化振兴的重点任务

根据规划目标，规划思路，乡村文化振兴应该包括物质文化的挖掘、保护、传承与产业化，非物质文化挖掘、保护、传承与文旅一体化发展，新型乡村文化重构三个层面内容。

(1)传统物质文化的振兴。对认为有挖掘价值物质类文化、如宗教寺庙、宗族祠堂、历史遗址、古树苗木等以物质形态存在的文化形态，需要借助现代的技术、手段进行复原、保护、宣传，让人们记住历史、了解曾经在这片热土上发生的故事，从历史遗迹中寻找民族最本真的东西，获得内心的共鸣。

(2)传统非物质文化的振兴。通过对流传在当地的历史故事、人物趣事、戏剧、神话传说等非物质类型的文化，进行挖掘和整理，培养传承人，并使用录音、录像、出版等手段，使之得以继续传承，成为人们精神的食粮，是人们了解历史、了解民俗的重要手段。

(3)新型乡村文化的重构。针对当前乡村文化建设存在的问题，结合乡村传统文化的资源特征和新型乡村社会对文化的需求，在继承传统文化的基础上，搜集整理，制定新型的乡村民约村规约束人，整理先进人物的典型故事来鼓舞人，编写村史来激励人，续写家风来影响人，建设文化设施来愉悦人。

5. 实施措施

针对规划重点任务，将乡村文化振兴整理为若干个项目，按照项目实施的紧迫性，提出实施的步骤。从技术层面、政策层面提出促进项目实施的具体措施和方案。

三、编制注意的事项

乡村文化振兴在编制过程中要注意文化的产业化拓展延伸、文化与旅游的融合，让古老的传统文化在现代文明中焕发生机和活力，让民族精华融入现代农业农村的血脉之中，成为新时代建设农村、发展农村的精神源泉与动力。

四、规划编制的要求

1. 内容上的要求

文化资源的挖掘、评价要系统、客观，符合时代发展的潮流；文化保护、开发措施要到位，具有可操作性，要与现代社会发展要求一致；对物质文化和非物质文化的挖掘与传承必须建立在服务现代农业和农村的基础之上，在创新现代乡村文化的过程中充分融入我国传统文化优秀的元素。

2. 层次要求

按照现状分析－问题提出－目标－思路－任务－实施措施的思维模式，开展规划编制。

3. 表达方式

文字要简洁，要求图文并茂。文化传承与旅游要结合，乡村文化设施的建设与乡村文化的传承要统一协调。

第四节　人才振兴方案编制规范

一、人才振兴的内容

人才振兴事关乡村振兴中地由谁来种和农业产业的主体问题。在优质青年乡村农民大量涌入城市、乡村空心化问题的背景下，由谁来从事农业生产、从事产品的流通、从事农村管理等一系列的问题，在当前乡村振兴战略中显得尤其重要。因此，如何吸引优秀青年回到乡村、留下、留得住，让乡村成为他们建功立业的天地、让乡村成为他们施展才华的舞台、让乡村成为他们安居乐业的家园，是人才振兴的重要措施。因此，乡村人才振兴中应该坚持吸引年轻人、留住中年人、幸福老年人的基本原则，以生态宜居的环境让老年人享受晚年生活、以良好的就业和创业环境让年轻人看见希望、以较丰厚的收入让中年农民值得留下。根据乡村振兴对人才的要求，乡村振兴人才的需求应该分为乡村振兴专业技术人才、乡村社会组织管理人才、新兴职业农民三类人才。

二、人才振兴规划编制的框架

人才振兴规划方案的编制包含对规划区人力资源状况分析、规划思路、发展目标、重点规划任务以及实施措施。

1. 乡村人力资源状况分析

通过实地调查对所在区域的人口数量、年龄、性别，具有高中、大学本科及以上人口比例进行分析，客观评价规划区人力资源数量、质量、专业水平、科技教育服务对乡村产业的支撑能力。

通过分析要弄清人才知识结构能否支撑产业提升对知识能力的要求，人才的能力水平能否满足乡村社会发展对有效管理能力的要求，人才数量是否满足产业发展对劳动力的需求。

2. 规划目标

人才是乡村振兴最基础、最核心的问题。人才是组织有效的执行者、是产业振兴的实施者、是文化振兴的传承者、是生态振兴的维护者。在规划方案编制过程中，根据规划区产业发展的需要、生态振兴、文化建设、组织管理对人才要求，确定人才振兴的数量、质量和人才类型目标。

3. 规划思路

针对规划区乡村人才资源的现状，以及乡村产业振兴、生态振兴、文化振兴和乡村治理人才类型、数量的要求，提出达到乡村振兴对人才要求实现的原则、思路和路径。

4. 规划内容

从乡村振兴对人才需求的层次上来看，分为乡村振兴专业技术人才、乡村社会组织管理人才、新兴职业农民三类人才。各类人才服务乡村振兴的目标与定位各不相同，但都互相补充。

(1)乡村振兴专业技术人才。主要针对乡村振兴过程中产业、生态、文化、治理等方面存在的重大科学问题，关键技术、模式、标准、产业化等基础领域研究，应用研究、产业开发和推广的创新性、复合型的各类专业技术人才，是解决乡村产业、生态、文化和组织振兴问题的核心技术支撑力量。这类人才服务定位直面乡村振兴过程中各种复杂科学及技术问题的研究、推广与示范，其培养重点对象在高等农业院校，如涉农的本科生、专业学位硕士和博士等。

(2)乡村社会组织管理人才。乡村振兴，组织振兴是关键。组织中有魄力、懂管理、懂技术、爱乡村、会沟通的人，直接融入乡村社会组织的管理人才，属于乡村振兴一线的指挥员、执行者、先锋队。上能够领会国家、省市县政策，下能够根据政策制定本区域的发展方向，带领群众开展本区域产业发展、生态振兴、文化振兴、组织振兴的实施，是乡村振兴的实施者、带头人，在乡村日常管理中具备化解乡村各类矛盾、开展基层群众工作的能力。

(3)新兴职业农民。针对中国乡村社会农业产业发展趋势，农民逐步退出农业，而农民的职业化是大势所趋。因此，要从高等农业院校、职业技术学院和乡村有志于从事农业的优秀青年中选拔一大批既懂生产、又懂经营，熟悉现代农业生产体系、组织体系、经营模式，又能够扎根乡村，开展乡村产业专业化生产和经营的职业化农民，他们是乡村产业振兴的践行者。

5. 实施措施

三类人才定位不一样，服务的功能不一样，但是都聚焦乡村振兴。规划编制过程中，针对不同层次的规划需要提出不同人才培养的途径和措施。第一类人才，是国家、省部层面需要出台相关政策和措施培养的；第二类人才需要国家政策支持、社会鼓励、高校培养、地方采取一系列政策和措施吸引到地方，参与地方建设；第三类人才，需要地方出台政策，吸引和培养乡村青年，使其成为职业农民，从制度、政策层面提出措施和途径。

三、编制注意的事项

在人才振兴规划编制过程中，在充分分析规划区乡村振兴对人才需求的基础上，从制度、政策等不同层面提出具有针对性的实施方案，切忌“大、全、泛”。必须和规划区对人才的需求紧密结合起来，必须要有可操作性、科学性、可行性和针对性，忌“空、泛、大、全”。

四、规划编制的要求

1. 内容上的要求

要充分对规划区域的人力资源现状进行系统、细致地分析，提出乡村振兴对人才需求的层次、专业和数量，并针对人才需求，提出科学、可操作的实施方案。

2. 层次要求

按照现状分析—问题提出—目标—思路—任务—实施措施的思维模式，开展规划编制。

3. 表达方式

文字要简洁，数据准确，路线图或者实现路径清晰，图表结合，综合表述。

第五节　组织振兴方案编制规范

一、组织振兴内容

组织振兴是乡村振兴的政治保障，是乡村内生性发展力量，是乡村振兴的灵魂和核心。乡村组织是乡村基层政权建设、是党对乡村领导的固本之策。组织振兴并非一般的技术创新、制度创新,而是路径创新。乡村组织振兴应该包含健全组织、建强队伍、定期活动、完善制度和落实保障等五大要素。

二、组织振兴规划编制的框架

组织振兴方案的编制包含对规划区组织建设状况分析、规划思路、发展目标、重点规划任务以及实施措施。

1. 乡村组织建设状况分析

实地走访、调查规划区域,分析规划区乡村组织建设的基本现状,了解组织体系是否健全、队伍是否强壮、是否开展定期活动、制度建设是否完善、各项保障措施是否落实;分析基础组织对贯彻党的政策、乡村产业发展、经济社会发展和乡村治理的能力,提出存在的问题。

2. 规划目标

根据乡村基层组织在乡村基层政权建设、乡村产业,生态、文化振兴中的作用,结合规划区乡村基层组织现状和存在的问题,从健全组织体系、强化队伍、组织活动、完善制度和保障措施落实等层面提出乡村组织振兴要达到的目标。

3. 规划思路

针对规划区乡村组织现状,结合乡村政权建设、乡村产业振兴、生态振兴、文化振兴和乡村治理对乡村组织的要求,提出健全乡村组织、强化组织队伍、定期开展组织活动、完善制度和落实保障措施的路径和措施。

4. 规划内容

组织振兴包含健全组织、加强队伍、定期活动、完善制度和落实保障五大要素。多层次、立体化、深入化加强组织建设,是乡村振兴的核心内容。

健全乡村基层组织,发挥党组织在乡村振兴中的战斗堡垒作用。党的基层组织,是党组织的“神经末梢”,是党的政策、方针到基层最后一公里的组织保障,也是党在基层执政能力的体现。基层组织健不健全,领导力强不强,涉及产业、生态、文化、乡村治理等一系列重大问题。因此。健全基层组织，强化组织对基层政权的领导，发挥基层组织在乡村振兴中引领和建设作用是乡村振兴的关键。

加强乡村基层组织队伍，发挥组织模范带头和引领作用。基层组织队伍建设，尤其是基层组织中第一书记、村主任等乡村带头人，其眼界、胸襟、创业和开拓进取的能力的大小，是组织振兴的关键所在。吴仁宝、申纪兰等在我国乡村经济社会发展中涌现出来的优秀典型和先锋模范充分说明，一个具有凝聚力、核心力的组织，在乡村经济社会发展中具有号召力、战斗力和创造力。因此，在乡村组织振兴中率先要培养一批、选用一批熟悉农业、热爱乡村、懂技术、善经营、政治站位高、党性原则强的优秀青年人才，充实到基层组织中，成为乡村组织建设的领头羊、先锋队。

定期举办组织活动，凝心聚力强化领导作用。通过制度化的组织活动，如定期开展学习党的政策、科技宣传、到先进地区进行实地学习等一系列活动，开展批评与自我批评，强化组织内部凝聚力、协调性。因此，在规划编制过程中，要针对规划编制区域乡村基层组织开展活动的情况，提出定期开展活动的计划和方案，以此促进组织的建设。

完善制度，发挥制度在组织管理中的规范作用。乡村组织建设必须有章可循、制度先行。针对现代乡村建设要求，坚持“三会一课”制度，健全组织生活制度、民主议事制度、民主监督制度、财务管理制度、服务群众制度、村规民约等各项制度，将乡村书记、村主任的权力牢牢地拴在制度的笼子里。以制度管人、依制度办事，增强党员干部的规矩意识，制度就一定能创造安宁、创造激情、创造活力、创造繁荣，创造村级整体脱贫，实现全面小康的奇迹。

落实保障措施，以保障措施促进基层组织解决实际问题的能力。基层组织缺开展活动需要的办公场所、缺组织活动强有力的领导干部、缺开展活动所需的经费。为了确保基层组织的活力，提高其组织力，上级组织要切实履行好党建主体责任，建立起党员群众服务中心阵地；要选优培强，选出带领群众致富的领头雁；要筹措经费，保障基层干部工作的积极性。通过一系列措施，保障基层活动有阵地、“两委”活动有动力、组织活动有经费等。

三、编制注意的事项

在组织振兴规划编制过程中，要注意规划区组织建设的现状、存在的问题。组织振兴和人才振兴一样,不同层面组织振兴构建的内容和措施区别比较大。乡镇和村级乡村振兴规划编制中组织振兴力求下沉到基层,要有针对性、可操作性,否则"千村一面"的问题难以避免。

四、规划编制的要求

1. 内容要求

要对规划区域的组织现状作出充分分析,并针对组织振兴对产业、生态、文化建设和乡村治理的支撑作用,在多维度、多层次提出组织建设的内容。

2. 层次要求

按照现状分析—问题提出—目标—思路—内容—实施措施的思维模式,开展规划编制。

3. 表达方式

文字要简洁,数据准确,路线图或者实现路径清晰,图表结合,综合表述。

第六节　投资估算和效益分析

一、投资估算和效益分析的内容

投资估算和效益分析,顾名思义就是实施乡村振兴规划的任务及达到规划目标需要的经费是多少、这些钱怎么来、投入之后产生多少的经济、生态和社会效益,经费的投入是按照什么样的比例和时间节点分配。一般包括投资估算、资金筹措、效益分析、规划任务实施和时间节点划分等内容。

二、投资估算和效益分析编制的框架

这部分规划框架的编制和前面的内容不一样,是对前述内容需要资金投入的估算,以及资金筹措的来源、产生的效益和项目任务实施的步骤。

1.投资估算

农业区域发展规划中的预算涉及规划中的诸多内容,复杂庞大。规划编制的预算尽可能以国家相关的预算依据为主,做到尽可能的准确和合理。

规划的估算一般是在现行财务和税收制度下,按照国家发改委和住建部《农业项目投资评估》《建设项目经济评价方法和参数》《农业项目经济评价实用手册》《国家农业综合开发产业化经营项目可行性研究报告编写提纲》中规定的方法与参数。根据规划的建设方案与设备配置清单,各专业部门提供的技术经济数据及参数进行投资概算。

2.资金来源

资金问题是规划目标能否实施的关键问题之一。资金来源包括国家和省财政投资、社会融资等方面,同时还应包括农村金融担保融资。

(1)国家和省财政投入。应该以国家和省市财政在农业、畜牧业、环境保护、流域治理等方面投入的专项资金为主。通过项目整合,和规划区项目相结合,投入到规划区域中。

(2)社会化资金投入。对规划区景区及现代农业休闲观光园区、特色养殖等工程,采取项目打包的办法,以招商引资为主,实施以项目带动进行建设。

(3)全民义务投入。以国家投入水泥、砖、机具、技术、苗木等建设材料,区内群众义务出动,进行农村污染源综合处理、旱作农业节水保肥、农业清洁生产等工程,以及农业面源污染防控。

(4)农村金融担保融资。通过组建新型农村金融服务体系和完善金融担保制度,吸引农村闲散资金进入农村金融体系,通过农村金融担保制度,获得融资项目需要的部分资金。

3.效益分析

效益分析是指通过规划方案的实施,在实施期结束时达到的经济、生态及社会效益。分析尽量客观、科学和合理。

(1)经济效益。乡村振兴规划方案实施之后,预期达到的当地百姓的实际收入,是当地百姓实实在在的经济上的效益,是乡村振兴战略预期目标的重要支撑,是期望解决当地百姓生计问题、提高百姓福祉的重要参考。

(2)生态效益。指规划实施之后生态建设取得的效益,如大气质量、水体质量、土壤质量、居民居住环境质量、农作物秸秆、畜禽粪便和人粪尿等农业生产和生活过程废弃物的资源化利用率是否达到预期,森林覆盖率等农业生产环境改善、农民生活环境治理和规划区主要生态功能区保护与建设状况、规划区整体的可持续发展状态,是否符合“绿水青山就是金山银山”的发展理念和目标。

(3)社会效益。规划的社会效益是指规划实施之后,给乡村医疗卫生、村民健康、教育、就业、社会文明等带来的改观。

4.项目实施的时间节点

根据规划编制实施的期限,将整个规划的内容划分为若干任务,根据每一项任务实施紧迫性,确定实施的时间。一般控制性规划,时间节点不宜太细,以半年或者年度为时间节点,安排任务实施的进度。如下所示。

XXXX 乡村振兴规划任务安排

一、总体安排

实施乡村振兴战略是一项系统工程,本规划方案的实施划分为两个阶段进行。各阶段的建设任务具体如下:

第一阶段:全面建设阶段(2018—2020 年)

依据规划目标,打好基础,遵循边建设边生产的建设理念,从公共设施项目安排入手,适当安排一些有利于农业产业发展生产和农民生活的建设项目,进行项目进度安排。在实现 2020 年规划目标的基础上,为 2022 年、2035 年和 2050 年的中长期建设目标准备好坚实条件。

第二阶段:提档升级阶段(2020—2022 年)

以 2020 年的预期目标为基础,加大对农业产业提档升级、农户生态宜居、文化传承和组织振兴方面的项目安排,实现乡村振兴取得重大突破。全区 70%的村基本实现农业农村现代化,建成一整套 XX 样板政策体系、制度体系、标准体系和考核体系,完成 XX 乡村振兴规划实施方案。

二、分年度项目安排

重点项目总投资额为 35.2 亿元，其中 2018 年投资 8416.5 万元，2019 年投资 24.6 亿元，2020 年投资 4.3 亿元，2021 年投资 2.9 亿元，2022 年投资 2.5 亿元。分年度投资项目的建设期限及投资额度安排见附表。

三、投资估算和效益分析编制的要求

投资估算是一项技术性很强的工作，是规划编制方案重要的组成部分，需要具有经济学背景的专家根据国家相关的政策，结合规划具体任务和要求，做出科学的估算，是对项目可行性、科学性和目标可达成性的具体支撑。因此，要求估算依据充分、估算方法科学、编制人员专业、项目进展安排科学合理。

第七章 乡村振兴规划方案实施措施编写规范

规划方案实施措施是保障规划顺利实施的机制、体制和政策层面的要求，是规划方案落地的重要途径。乡村振兴规划方案能否顺利落地、达到预期的效果，与规划实施过程中采取的政策是否恰当、实施的措施是否科学关系重大。

第一节 乡村振兴规划方案实施措施内容

一、规划实施的机制与体制

科学的机制和体制是规划能够顺利实施的组织保障。为了保障规划的顺利实施，政府管理制度和机构设置都要根据规划的需要建立一系列保障机制和执行机构。乡村振兴规划能否顺利实施，各地区根据本地区的实际情况，需要从机制和体制上创新，以利于实施规划为原则，构建科学的机制与体制。

1.设立乡村振兴管理机构，构建部门协作机制

乡村振兴是一项长期的工作，各地区成立以政府核心部门为主体的专门管理机构，协调设计乡村振兴的发改、社会保障、人事、财政、教育、农业、国土资源、林业草原、扶贫等政府多个职能部门，构建多部门协作机制，理顺部门关系，统一目标任务、统一人员财物的配置。

2.健全工作机制，强化乡村振兴一把手负责制

高效、科学的工作机制是乡村振兴顺利实施的组织保障。在乡村振兴中如何实现县、乡、村三级书记共抓乡村振兴的大业，至关重要。因此，优先配置强有力的领导干部管理乡村振兴是第一要务。其次，针对各地区乡村振兴工作要求，完善工作运行机制，把握乡村振兴战略实施要点，确保各项工作有序推进。

3. 健全人才管理机制，构建乡村振兴的人才保障机制

人才是乡村振兴能否顺利实施的关键，制定科学的人才培养、成长的方案，吸引、留住各类人才，为乡村振兴的顺利实施构建人才保障机制。

4. 构建城乡融合发展体制机制，将乡村振兴融入城市化进程中

推动城乡资本、技术、人才等要素双向流动。要构建城市的资本要素、技术要素、装备和人力要素能够、也必须向乡村流动的机制，不仅仅是乡村的产品和人力资源流入城市。因此，要构建一体化要素市场机制，构建城乡统一的就业与劳动力市场，建立城乡统一、主体平等、产权明晰、合理有序的建设用地市场；完善农产品收储制度和价格形成机制，优化农产品市场；完善户籍管理与土地管理机制，放开城镇落户限制；鼓励支持城市有条件、有意愿的居民到乡村从事农业生产，在乡村居住。

5. 坚持农业农村优先发展，建立完善乡村振兴多元投入保障机制

健全和完善财政支持政策体系，完善涉农资金统筹整合长效机制，坚持调动省与地方两个积极性，建立事权与支出责任相匹配的财政支出体系，强化财政资金引导撬动作用，建立多元化乡村振兴投入机制。

6. 制定考评与动态调整机制

建立乡村振兴战略实施监测评价指标体系，分级评价县、乡、村实施情况。将乡村振兴战略规划实施成效纳入乡镇党委、政府及有关部门的绩效考评范围，定期开展考核、检查。根据规划实施情况，及时推进或调整，形成规划编制、实施、监督、调整的反馈机制。

二、规划实施的政策

针对规划要达到的目标、实施的内容，制订相关的政策。

1. 各类人才激励政策

针对规划区乡村振兴对各类人才的需求，有针对性地制订吸引人才、培养人才和留住人才的配套政策，保障乡村振兴对人才的需求。

2. 农村土地流转的政策

针对现在土地使用权状态，通过制订科学合理的土地流转政策，使乡村土地适度集中，为现代适度规模化、集约化农业发展提供政策的支持。

3. 社会资本进入乡村振兴的政策

钱从哪里来，将是乡村振兴最关注的问题之一，社会资本进入乡村，是重要的经费来源之一。如何鼓励和支持社会资本进入乡村，需要制定相关政策保护资本，为资本有效发挥作用营造良好的政策氛围，为后续的利益分配奠定政策基础。

4. 农村宅基地入市政策

针对农村房前屋后、闲置宅基地等现象，创新宅基地入市政策，鼓励宅基地入市；要明确乡村住的不仅仅是农民，市民也可以住乡村。制订相应的政策，通过宅基地入市，为乡村振兴盘活土地资源。

5. 生态保护政策

针对规划区生态保护和治理的目标和任务，制订生态保护和治理的相关政策，从制度层面保障“绿水青山就是金山银山”的建设理论。

三、规划实施的措施内容

1. 完善农村产权制度改革措施

农村产权制度是确保农村各类土地资源优化利用的基石。要制定县域耕地、林地、草地等承包经营制度、农村土地征收制度、集体经营性建设用地入市制度，实施宅基地制度改革和集体产权制度改革措施，完善产权体系、拓展产权权能，以实现各类资源的资产化、市场化。

2. 强化乡村发展要素投入措施

强化人才、资金、技术、土地等要素投入，是实现乡村振兴的先决条件。健全投入保障制度，完善投融资制度、金融服务、保险体系，确保形成财政、金融、社会参与的多元化投入格局；拟定人才配备和培养措施；拟定技术引进、革新机制与能力建设措施；完善农村新增建设用地、设施用地的保障机制；开展农村居民点用地复垦潜力和土地整治新增耕地潜力评估，用好城乡建设用地增减挂钩节余指标易地调剂政策和耕地易地占补平衡政策。

3. 壮大农村集体经济措施

壮大集体经济是乡村振兴中保障基层农民生计最有效的办法。通过采取科学的措施，如股权改革、乡村产业建设、引进企业的股权分配等措施，壮大集体经济，以此保障乡村基层设施建设、维护，改善农民生计。

4.改善农村居民生计措施

改善和提高乡村居民的收入是乡村振兴最终目标。通过制定保障任务实施的措施，如产业政策、生态补偿、农业补贴、股份分红、农村就业政策等措施，增加居民的收入，改善老百姓的生产条件、生活环境、文化环境和收益。

5.积极推进“三产”融合的措施

构建培育新型农业生产经营主体、拓展农业多功能性，以“农业＋”为核心，农业＋旅游、农业＋科普、农业＋康养、农业＋运动等一系列农业新型模式，在不影响农业生产基本属性的基础上，拓展和延伸农业产业链，提高农业的收益，解决农村居民的生计问题。

第二节　乡村振兴实施方案编制要求

规划措施的编制是规划方案能否顺利实施的关键，这一部分从内容上看，要包括机制体制的设计、保障政策的出台和实施措施的制订。具体要求如下。

一、层次性

实施方案的编制，不仅仅要体现机制体制、保障政策和实施措施三方面的层次性，而且就其中每一部分都需要机制体制、保障政策与实施措施的层次性，体现规划逻辑严密性。

二、系统性

这一部分内容是针对产业振兴、人才振兴、生态振兴、组织振兴、解决居民生计等具体任务怎么实施的问题而提出的建议，需要和这些具体的任务进行对接，前后要有对照，形成系统。

三、针对性

目前针对产业振兴、人才振兴、生态振兴、组织振兴、解决居民生计等问题的论述很多，但是很多都是泛泛而谈，缺乏针对性。每一规划应该有每一个规划的具体情况。因此，机制体制的构建、出台政策、制订的措施必须要有针对性，不能千篇一律。

四、可操作性

措施的提出要结合现阶段国情、省情、县情、社情、民情和现行政策，提出适合规划区实施的政策体系。

第八章　基于乡村分类规划编制要求

我国目前有行政村 55 万个，自然村落 317 万个，分布在东西南北不同的生态区域，资源条件、生产水平、民族类型、文化特征、生活习俗、建筑风格、区位条件、生态背景差异非常大。通过对现有乡村进行分类，制定分类规划编制的要求和要点，对因村制宜，分类规划，提高规划编制效率，减少投入成本和提高决策的科学性具有重要意义。

第一节　乡村类型划分

一、乡村类型划分依据

1. 主导因子原则

在乡村产业、生态治理、区位优势、文化传承等诸多的因素中，以其中某一因素为主要因素，其他因素为辅助的原则。

2. 地域分异原则

国土面积大，地形地貌和生态因子的差异较大，乡村生产、文化、区位与生态因子与地域分异之间的关系较大。因此，在类型划分的时候，充分考虑地域之间的差异，尤其在后期编制规划时，应充分考虑同一类型在不同的区域可能由于气候、土壤、文化等因素，而在乡村振兴战略中采取的措施和途径是有所区别的。

其他还应该遵守的原则有产业、生态、区位和文化主导原则。

二、类型划分方案

乡村是中国粮油、肉奶禽蛋、瓜果蔬菜等农产品生产和供给的主要区域，是乡村居民生活的主要聚落，是乡村文化传承的载体。因此，在类型划分中，产业占有很大比重，是划分的重要依据。本方案中是以产业作为乡村类型划分的基础，同时兼顾生态治理和乡村文化。下表为以西北地区为例进行的乡村类型划分。

按照产业、生态和文化的领域，可以划分为生态保护型、产品保障型和乡村服务型 3 大类型，11 个二级类型，38 个亚类。

表 8—1 乡村类型划分体系

一级	二级	亚类	特征
生态保护型	自然保护区	内陆湿地	西北地区及西藏总共有内陆湿地 34 个，其中国家级湿地如拉鲁湿地、张掖黑河湿地、敦煌阳关、三江源、艾比湖湿地 5 个，分布在拉萨市城关区、高台县，张掖市甘州区、临泽县，敦煌市、玉树藏族自治州、果洛州、海南州、海西州、黄南州、精河县。这些范围内的乡村，除此之外，省级、县级保护区的也在这个范围之类。
		森林生态	在西北地区总共有 115 个，主要为森林生态系统、大熊猫、金丝猴、扭角羚等濒危动物、豹、黑鹳、金雕等濒危动物、珍稀动植物、野生动物、祁连柏、青杆等物种，其中国家级的保护区数量有 32 个，占地面积 7244549 公顷，类型复杂多样。
		野生动物保护	西北六省包括西藏自治区总共 111 个，涉及禽类、兽类、鱼类、哺乳类等，内蒙古 20 个、西藏 23 个、陕西 30 个、甘肃 26 个、青海 4 个、新疆 8 个；涉及面积 2648.8 万公顷；国家级 27 个、省级 51 个、市级 6 个、县级 27 个。
		野生植物保护	西北六省区及西藏地区总共有野生植物保护区 16 个，主要分布在内蒙古 10 个、西藏 3 个、新疆 3 个；主要涉及野生药用植物及其生境、红刺榆及其他野生动植物、甘草及荒漠生态系统、四合木等濒危植物及荒漠生态系统等；国家级 1 个、省级 9 个、市级 1 个、县级 5 个。
		草原草甸	草原草甸总共 21 个，主要分布在内蒙古 19 个、新疆 2 个，主要包括山地草甸草原、荒漠草原生态系统、草原、湿地及珍稀鸟类、草原生态系统；国家级 2 个、省级 7 个、市级 2 个、县级 10 个；总面积 174.3 万公顷。
		荒漠生态	总共有 32 个，其中内蒙古 16 个、西藏 1 个、陕西 1 个、甘肃 5 个、青海 2 个、新疆 4 个、宁夏 3 个；重要保护荒漠生态系统及野生动植物、荒漠草原生态系统、沙地原生植被、荒漠植被等；国家级 12 个、省级 14 个、县级 16 个；总面积 4086.27 万公顷。
		地质遗迹	总共 31 个，其中内蒙古 13 个、西藏 3 个、陕西 2 个、西藏 3 个、陕西 2 个、宁夏 2 个；红山岩体及古文化遗址、地质遗迹、冰臼群、地热资源、地质遗迹、太古界地层剖面、地热温泉或火山地质地貌；省级 10 个、市级 2 个、县级 8 个。
		古生物遗迹	总共有 7 个，主要分布在内蒙古 6 个、甘肃 1 个；以恐龙化石和恐龙足迹化石、哺乳动物化石、恐龙骨骼、蛋化石、龟鳖类化石为主；国家级 1 个、省级 6 个；占地 23.74 万公顷。

续表

一级	二级	亚类	特征
生态保护型	非自然保护区	水蚀防控	西北黄土高原地区(重点在青海海东、甘肃中东部、宁夏、陕西陕北等区域)
		风蚀防控	主要分布于长城沿线以北地区,包括新疆、青海、甘肃、宁夏、内蒙古、陕西等省自治区的沙漠及沙漠周围地区。面积187.6万平方千米,约占全国总面积的19.0%。气候干旱少雨,大部分地区年降水量在200mm以下,风力强劲,风沙活动频繁而强烈,荒漠化严重,沙漠蚕食绿洲,直接危害农、林、牧业。
		冻融侵蚀区	青藏高原地区。
		盐碱化地区	甘肃中部、河西走廊、新疆绿洲、宁夏引黄灌区。
产品保障型	粮食主导型	大宗粮食作物主导型	小麦、玉米、水稻、马铃薯主要生产区的乡村类型。大宗粮食作物种植占其农业主体,村民的生产活动基本围绕大宗粮食作物种植和产业化为主。如甘肃河西走廊、甘肃陇中马铃薯、新疆天山北坡、陕西关中等。
		棉麻作物主导型	主要为棉花种植区,为国家重要的纺织品原料生产基地。乡村居民的生产活动主要围绕棉花种植和生产为主,如甘新绿洲区的棉花。
		油料作物主导型	油菜籽、葵花籽、亚麻籽、大豆、花生等油料生产基地,为油料主要生产区,如青海海东、甘肃河西等地区、陕西陕南。
	特种作物型	杂粮作物主导型	糜子、谷子、荞麦、燕麦等杂粮作物生产为主的乡村。村民的农业产业主要围绕这些作物种植和加工为主,如陕西榆林、延安,甘肃定西等地区。
		药用作物主导型	红花、党参、当归、枸杞等中药材种植、加工为主的乡村,如新疆红花、甘肃定西的中药材、宁夏和青海枸杞种植。
	果蔬园林型	鲜食水果为主型	苹果、葡萄、猕猴桃、杏、梨、柿子等鲜食水果的种植为主。乡村产业主要围绕这些作物种植和加工为主,如新疆吐鲁番葡萄、黄土高原地区苹果、陕西猕猴桃、甘肃和新疆的杏等。
		干果种植为主型	板栗、锥栗、霹雳果、榛子、腰果、核桃、瓜子、松仁、杏仁、白果、开心果、碧根果、沙漠果、榧子、白瓜子、南瓜子、花生、巴旦木等。如陕南的板栗、新疆的核桃、巴旦木等。
		蔬菜种植为主型	露地蔬菜种植和设施蔬菜种植基地为主要类型。广泛分布在城市郊区、城镇和专业村。甘肃武山县洛门镇、陕西杨凌示范区。
		苗木花卉为主型	以绿化苗木和花卉栽培种植基地为主,典型的为陕西省周至县哑柏镇的各个村子。
	草原牧场	草原纯牧业型	纯粹的以放牧为主,产业单一,主要分布在西北四大牧场;相当一部分为游牧形式,没有固定的村落;部分定居,但仍以放牧和畜产品的加工为主。
		草原兼业型	草原地区半农半牧型,属于定居,有村落,牧民尚未全部退出畜牧业;以农牧交错带为主。

续表

一级	二级	亚类	特征
产品保障型	畜禽养殖型	专业化畜禽养殖型	农区专业养殖村，整个村子以养殖业为主和围绕养殖产业化发展。
		畜禽养殖兼业型	既有养殖业也有种植业，典型的种养结合混合型。
	乡村工业型	乡村工业	乡村工业是指乡村地区以工业为主的非农产业，主要包括加工工业、采掘工业、建筑业、运输业及商业服务业等。
		乡村手工业	以传统手工工艺和家庭半家庭作坊为主乡村工艺制品业，以各种手工工艺品、传统食品、手工旅游产品等为主。
乡村服务型	乡村旅游型	田园农业旅游型	以农村田园景观、农业生产活动和特色农产品为休闲吸引物，开发的农业游、林果游、花卉游、渔业游、牧业游等不同特色的主题休闲活动的乡村旅游，有以大田生产为主题的田园农业游、以果林和园林为重点的园林观光游、以现代农业科技园区为重点的现代农业科技游、以参加农业生产活动的体验游。
		民俗风情旅游型	以农村风土人情、民俗文化为旅游为主，融合了农耕文化、乡土文化和民俗文化特色；主要有利用农耕技艺、农耕用具、农耕节气、农产品加工活动等为主的农耕文化游，如新疆吐鲁番坎儿井民俗园；利用居住民俗、服饰民俗、饮食民俗、礼仪民俗、节令民俗、游艺民俗开展民俗文化游类型。
		农家乐旅游类型	农民利用自家庭院、自己生产的农产品及周围的田园风光、自然景点，以低廉的价格吸引游客前来吃、住、玩、游、娱、购等旅游活动。
		村落乡镇旅游类型	以古村镇宅院建筑和新农村格局为旅游吸引物，开发观光旅游。典型的如袁家村、马嵬驿等。
		回归自然旅游类型	利用农村优美的自然景观、奇异的山水、绿色森林、静荡的湖水，发展观山、赏景、登山、森林浴、滑雪、滑水等旅游活动，让游客感悟大自然、亲近大自然、回归大自然。
	文化传承型	乡土文化类型	主要以民俗歌舞、民间技艺、民间戏剧、民间表演等，开展乡土文化产业，如湖南怀化荆坪古文化村。
		民族文化传承型	以民族风俗、民族习惯、民族村落、民族歌舞、民族节日、民族宗教等，开展民族文化产业，如西藏拉萨娘热民俗风情园。
		美食文化为主型	主要以传统美食，地方小吃及祖传手艺的美味佳肴来吸引游客。
	城郊服务型	休闲农业型	农业科普、采摘、观光休闲为主。
		农产品流通型	大宗农产品的流通、冷藏和交易服务。
		劳务输出型	以为城市及其他产业提供农村劳动力为主。

(1)生态保护型。根据保护和治理的对象分为自然保护区和非自然生态脆弱防控区 2 个亚类,12 个类别;

(2)产品保障型。分为粮食主导型、特种作物型、果蔬园林型、草原牧场型、畜禽养殖型、乡村工业型 6 个亚类 15 个类别;

(3)乡村服务型包括乡村旅游、文化传承、城郊服务 3 个亚类 11 个类别。

第二节　乡村分类规划方案编制规范要求

乡村分类规划主要是省、市、县级行政区域,根据本区域乡村振兴的要求,通过在对本区域乡村数量、产业特征、生态区位、文化资源、人口分布等调查的基础上,划分乡村类型,明确各类型乡村产业、生态、文化、人才和组织特征,进行规划编制,目的是指导本区域类似乡村开展乡村振兴的实施。

一、规划的属性

分类规划是对具有某类相似特征的对象,开展的在产业、生态、文化、人才、组织等方面具有更多针对性的规划,是服务指导同类型乡村发展生产、生态、文化建设的纲领性文件。这类型规划可以是控制性规划,也可以是具体的实施规划,如某省、市针对本区域所做的规划,应该属于控制性的。它具有以下特征。

(1)宏观性。本类型规划是针对某一类乡村开展的规划,在规划的指导上必然是对应某一类乡村相似特征总体的规划设计的要求,而对具体的单独某个乡村的特殊文化、产业等特征,难以规划、面面俱到。因此,宏观指导性是这类规划最基本的特征。

(2)控制性。由于其宏观性,决定了这类乡村规划具有控制性的特征,从宏观层面决定 11 个大类 38 个小类小村其产业、文化、生态、人才和组织层面的规划设计原则。这一思路对减少规划的层级、指导政府分类实施、规划基层乡村针对本村的实际情况制定科学的实施方案具有重要的作用。无须各个县、乡再单独制定本区域的乡村振兴规划,是省市打破县乡区域隔阂,统一出台指导方案的重要措施。

(3)针对性。由于本类型规划是直接针对的具有某种相似特征而开展的大类型乡村的规划编制。因此,在指导乡村振兴产业、生态、文化等方面更具有针对性和指导性。

二、编制的步骤

1. 乡村类型与特征调查

对所在区域的乡村数量、产业特征、山水林田湖草生态要素、文化资源、人口、组织建设等开展调查,弄清乡村的数量与特征,构建本区域乡村本底信息资源数据。具体调查方法与前述相同。

2. 乡村类型研判及特征分析

在对乡村类型与特征调查的基础上,利用获取的数据,根据乡村类型划分指标体系,对区域类乡村的类型进行研判,并对每一类乡村的产业、生态、文化、人才和组织特征进行分析,抓住每一类型乡村的主要特征,便于根据类型编制乡村振兴规划。

3. 规划编制

在识别清楚乡村类型和特征的基础上,提出乡村振兴的规划编制目标、思路、重点规划内容、政策措施等,开展规划编制。

三、规划框架

这类型规划的编制,其基本框架和其他乡村振兴规划并无本质区别,但在具体编制时,首先要对乡村类型进行分类。一般建议框架包括对乡村类型调查分析研判,以及针对性的规划两大部分。

第一部分:乡村类型与特征调查—乡村类型与特征的研判。重点进行规划区域的乡村类型调查,完成乡村类型的分析和研判,基本上属于基础性的调查分析工作。

第二部分:针对各种类型的规划开展编制工作。其基本框架应该和前文所述相同。一般遵循规划背景—规划基础—规划总体要求—重点任务—规划措施等几个方面的顺序进行编制。

四、规划编制要求

此规划针对性比较强,因此必须在规划中对本区域的乡村类型分析清楚，指出各类型乡村的空间布局，在编制规划时标明本类型规划适宜指导的区域和乡村的名称。

1. 精准进行乡村类型划分

在对规划区乡村调查基础上，通过指标体系，对乡村类型进行精准的划分，哪些是生态保护型、哪些是粮食主导型、哪些乡村休闲等，明确将区域内的乡村划分到某一类乡村类型之中。精准划分乡村类型是规划科学编制的基础工作。

2. 明晰表明乡村特征

在精准划分乡村类型的基础上，对每一类乡村的产业特征、区位、生态、文化、人口和组织特征进行分析，明确每一类乡村最基本的特征，如粮食主导型乡村，其主要种植业的布局、作物类型、品种、产业化特征、分布的乡村等一系列特征，是分类制定规划的关键。

3. 清晰表达层次特征，分类规划

既可以是以省级为单位开展，也可以是以地市级和县级为单位进行编制。在规划编制中要体现产业、文化、生态、人才和组织等不同层面的层次性，而且每一个层次的特征要清晰。

4. 明确指出区域适宜性

分类规划不是具体指导某一个村子，而是一类村子。因此，在规划编制过程中，要明确界定该类规划适宜指导哪类村子，在规划的附表中要明确乡村的名称，使规划的指导直接对接到具体的乡村中，有利于基层的执行。

第九章 乡村振兴规划编制程式

规划的程式指规划编制过程的组织程序，包括规划构思、前期资源调查与评价方法，规划双方就规划目标、规划定位、规划编制经费及规划评审等一系列问题的协商。

第一节 乡村振兴规划编制构思过程

如何编制一个构思缜密、定位准确、内容突出、功能布局合理、措施得当的规划，这与规划编制组对规划乡村的自然、社会、生态等诸多因素的综合分析及规划编制组专业构成、专业水平、认知和思路有密切的联系，涉及对规划的整体框架构思、规划内容及功能布局等关系的处理。

一、总体规划框架的构思

规划的框架是统筹整个规划的纲领性材料，体现规划编制单位对规划的宏观把握，在整个规划编制中具有重要的地位。一个规划编制的逻辑是否严密、思路是否清晰与整体框架完善与否有直接的关系。

一般来说，整体规划框架构思是以规划委托单位意图为切入点，以规划区域自然资源和社会经济发展概况为基础、依据宏观社会经济发展和生态建设为背景，提出规划思路、目标、定位、内容、布局及实施的保障措施。

这一过程是建立在规划编制者对规划区域的资源状况、社会经济发展程度、存在问题、区位等深入了解，对规划编制委托单位意图的深入领会和对国家、省市等不同层面相关政策全面研读的基础上，并结合规划编制者的专业知识、认知程度、综合把握能力而进行的。

如在进行《XXX 都市农业发展专项规划》过程中，规划编制小组，在了解规划委托单位意图的基础上，通过多次实地调查规划区域的资源状况、生态环境、产业基础等现状，在深入研读《XXX 总体规划(2018－2022年)》和《XXX 分区规划(2018－2022 年)》两个总体规划的基础上，提出 XXX 都市农业发展定位、目标、功能、空间布局和规划编制内容整体思路框架。整个规划框架“贯彻一个战略、采用三大理论、突出五大工程，最终实现城市田园化、基地园林化、园区景观化、生产标准化、产品有机化的发展思路”。用简明、醒目、概括的语言总结出规划的思路框架。

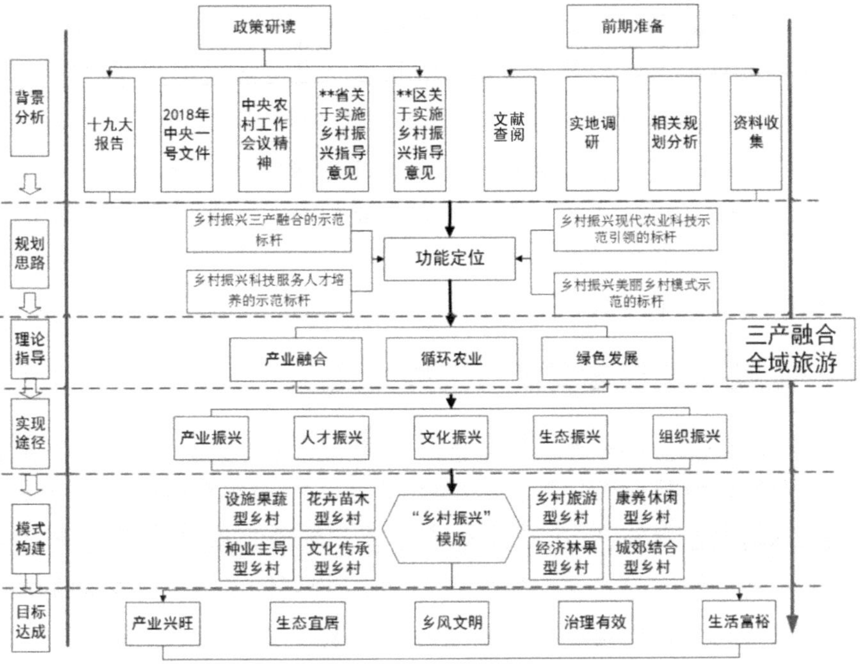

图 9－1 总体思路框架

总体框架的构思是整个规划的灵魂和总纲，这一过程要求规划编制者具有敏锐的洞察力、扎实的专业基础知识、对国家及规划区域社会经济发展趋势总体把握和统筹的能力。规划编制组要求专业结构合理、年富力强，具有创新思路，能够把本学科先进的科学理论和规划区的发展目标有机地结合起来，提出具有创新性的思路框架。

总体规划框架思路必须具有以下几方面的特征。

(1)逻辑性。是对总体规划框架思路的基本要求，一个优秀的总体规划框架思路，必须具备严密的逻辑性，经得起逻辑推敲。

(2)纲领性。总体规划框架是对整个规划的总体把握，是规划的核心和灵魂，统领整个规划。要求对规划的基本思路、原则、依据、目标、定位、内容、布局及实施进行高度概述，是和委托方进行思路对接的基础，也是后续规划能够顺利进行的基本保障。

(3)创新性。是总体规划框架思路的生命。在提出总体规划思路框架的过程中，力求把本领域中先进科学思想、发展理念、先进技术和模式、规划依据的工具等纳入到规划思路框架中，从基本理论、理念、技术、模式、平台等方面展示规划的先进性和创新性。

(4)可操作性。尽管总体规划框架思路只是前提工作，但是在制定的过程中，规划内容、规划的手段必须要具有可操作性，否则会对后期工作造成很多困难，如资料的获取、规划层次性等难以达到要求。

重点突出：在总体规划框架思路制定过程中，切忌重点不突出、泛泛而谈，做产业规划涉及很多景观问题，做生态规划涉及很多产业布局，导致主线不清晰，难以突出规划的重点。

二、编制过程各要素的统筹处理

乡村振兴规划编制涉及农业产业规划、村镇住宅建设规划、景观规划、农业基础设施建设规划、土地整治规划、生态环境保护规划、乡村旅游规划、休闲农业规划、农业科技园区等诸多与农业相关的规划，涉及面很广，如何处理好这些不同类型规划、处理好规划涉及各因素之间的关系相当重要。因此，在规划过程中要把握和处理好以下几方面的关系。

(1)农业产业规划和景观规划的关系。乡村振兴规划的主要目标是利用优势资源，通过开发优势自然及社会包括人文资源，以达到造福当地百姓的目标。因此，通过发展优势产业提升当地经济发展是规划的首要目标。但是农业是一项基础产业，其经济效益比较低，通过发展单一的农业产业来提升当地的经济，其功能比较有限。因此，规划过程中，应尽量挖掘当地农业文化、农村优良习俗、特色餐饮、服饰，以现代种养殖业为基础，将现代乡村旅游、农业科普体验和农村景观结合起来，在传统农业与现代农业产业之间，现代农业与休闲体验之间找到结合点，通过营造良好的农业景观，挖掘传统的乡村文化，打造特色产业，以达到规划目标。

(2)农业产业开发和农村环境保护之间的关系。乡村产业的发展是建立在对土地、水域等资源开发的基础上，必然对自然资源进行现代化的改造和升级，这一过程会对乡村环境造成一定的影响。因此，在产业规划中，必须要对农业生态环境包括土地、水域、植被、河道等造成的影响进行系统分析，并提出相应的治理和保护对策。

(3)传统农业的现代化升级改造。目前我国农业在经营模式、耕作技术、产品开发和营销手段等方面，仍然以传统方式为主，农产品质量难以保证。因此，在乡村产业发展规划编制的过程中，要充分将现代耕作技术、土地管理技术、农产品深加工技术、经营管理模式等引入到传统农业中，用现代农业的发展理念指导传统农业的改造和升级，提升产业发展水平和经济效益。

(4)主导产业和特色产业之间的关系。产业振兴是乡村振兴的重点，乡村振兴规划涉及诸多产业，如种植业、养殖业、农产品加工业、乡村旅游等，而且种植业种类繁多，究竟需要把哪一个或者哪几个产业确定为主导产业，这是产业规划需要明确解决的问题。除此之外，有些产业尽管规模比较小，但是产值和利润空间大，具有明显的地域特色，如在国家层面上，新疆的红花、哈密瓜，兰州的百合，宁夏中卫的枸杞等具有显著的地域特色，尽管其在国家农业层面上不占优势，但对当地老百姓增收具有重要的作用。因此，在规划编制过程中，除了突出主导产业之外，也应对特色产业予以重视。

三、规划布局决定因素

在明确规划了主要内容及主导产业之后，生产区、生活区、生态区怎么布局安排？种植业安排在哪里？养殖业安排在哪里？加工和物流园区放置在哪里？这些内容与居民住宅区、水源地、交通条件有何关系？如何确定规划内容的布局，对规划能否顺利实施具有重要的作用。一般来说，规划内容的布局主要考虑以下几方面的因素。

(1)气候、土壤。对大量的农作物而言，积温、光照和降雨能否满足生育期的需求，这是作物布局的关键。农业产业的规划，基本上涉及省、市、县或乡镇一级。如果是乡镇一级，由于其地域范围较小，区域气候变率不大，这一因素可以忽略；如果是省市县级层面，由于涉及面积较大、可能跨越不同气候带或者土壤带，因此，进行作物种植和经济林果等布局时，先要对规划区进行分区，在气候、土壤等分区的基础上，针对不同的功能分别进行布局。

(2)地形因素。地形因素是影响区域微气候环境中降雨、温度、日照的主要因素。因此,在种植业、林果业布局时要充分考虑不同地形因素对布局作物光照、温度和降雨的需求,如耐阴作物、喜阳作物等;而且要考虑不同海拔高度,作物布局的不同方案。如在黄土高原峁梁沟壑等不同类型生态单元,粮食作物、生态林和经济林布局的侧重点是不同的。

(3)区位因素。农作物和林果业等面积比较大,一般来说,布局在平原、川道、山坡、梯田等处,对区位要求不高,只要能够满足农机具等作业机械的通行条件、灌溉条件即可;而农产品加工园区、物流园区等需要配套设施多、技术含量高,布置在离城市等市场相对较近,交通区位便利的地方。一方面减少流通成本,直接可以进入本地市场;另一方面,有利于通过物流进入全国市场。

(4)环保条件。一般来说,大田作物、经济林和生态林对环境的影响主要是化肥、农药造成的非点源污染。因此,在布局的过程中,农田的非点源污染和水土流失需要考虑,应尽量在平地或者梯田上布局,减少水土流失造成环境污染。养殖场的排污量比较大,而且有严格的流行病控制要求。因此,在布局选址的过程中,必须按照国家相关规定进行选址,远离居住社区,并配套完善的粪便、尿处理设施。农产品在加工过程中也要排放大量的污水、废物。因此,选址的过程中严格按照食品企业选址要求,同时配置完善的废水处理设施,减少对环境污染。

第二节　乡村振兴规划编制程式

一、规划程式

程式即程序,泛指按照以一定的逻辑顺序完成一件事情的过程或者顺序,也可以指计算机的某种处理程序、某种产品的加工工艺程序等。

规划程式是指按照一定的操作次序或者顺序,有组织地完成规划方案。一个规划的制订需要进行规划委托和承担单位双方签署协议、讨论规划的主题、规划内容及双方在规划制订中的权利和义务,规划过程中双方的互动、规划完成时的验收和评审等。

二、规划编制过程

规划是一项系统工程，从开始到结束，中间涉及规划双方就某一领域问题的看法、对规划目标、定位和规划内容存在争议的解决办法及协调原则。其工作流程如下：①规划编制组成员的专业及任务的分工，规划总体思路的制订及各部分内容的统一；②规划初稿完成后，规划委托单位的修改意见的征询、针对委托单位意见的修改、规划双方就规划方案中某些争议问题的解决协商；③规划评审稿形成后双方就规划评审地点、评审专家及评审会议的形式、时间等的协商确定；④评审完成时根据评审专家的意见，对规划进行最终的修改；⑤根据协议要求，装订规划方案，提交规划文本。

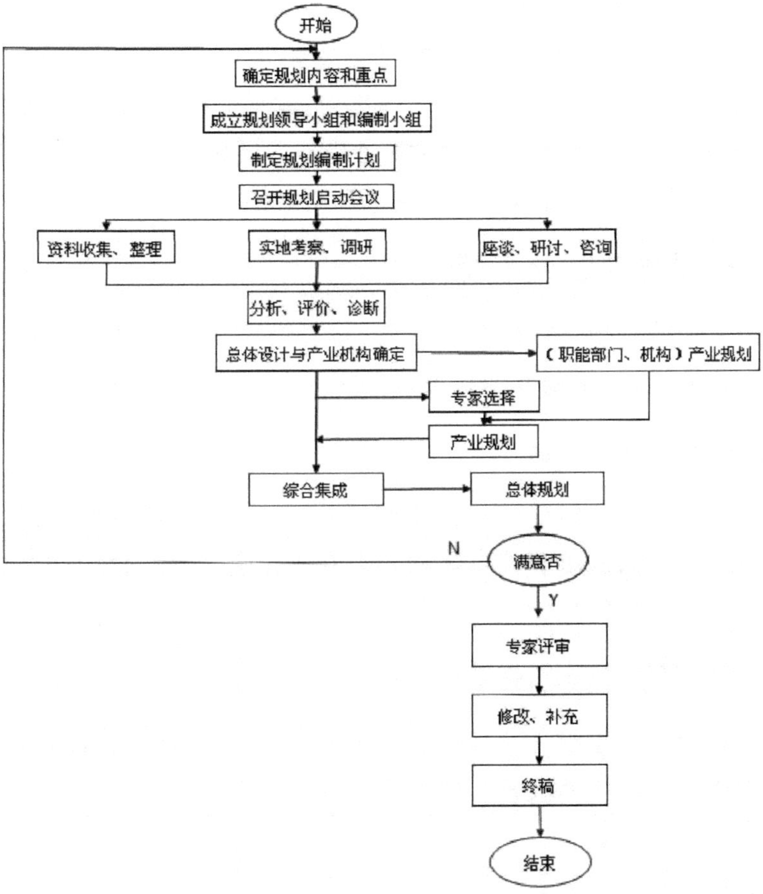

图 9－2　规划编制的程式

规划过程的组织程式是按照双方约定的时间为主线进行确定的，每一个阶段需要有周密的安排和组织。因此，在规划编制过程中，双方要互相确定专门负责联系和沟通的人员，就规划过程中的实地调研、资料的收集、沟通协调会议、终审论证会议等进行协调，形成一个高效、负责的运行机制；同时在规划方案编制小组内部也需要专人进行负责，处理各个专业小组的资料共享、内容的统一、专题图的设计及项目编制等方面的工作。规划编制的一般程式如图 9－2 所示。

第三节　规划准备阶段

准备阶段主要是规划委托单位和规划编制单位签订规划编制的协议，明确规划编制双方的责任和义务。一般在规划委托协议中规划双方要明确规划任务、目标和水平，及最终提交给规划编制单位的文本数量。委托方在规划编制规程中担负资料的搜集、实地调研、座谈会人员的召集及场所设备的准备等责任及义务；规划编制方应组建专业结构合理的编制人员，负责实地调研、资料分析、制图和文本的编制、装订等。

一、规划编制领导小组

委托方主管领导、主管乡村振兴的第一负责人、相关职能部门、另外指定的专门联系人，编制方项目负责专家和专门负责联系的人。

二、规划编制小组

由规划编制单位组建。规划小组的构成需要农、林、牧及园林、农产品加工、生态环境、旅游和城乡规划等多专业构成，一般选择有时间、有精力的人员即可，不必要求专家声望。

三、规划的目标和任务

这是在规划协议中应该明确规定的内容，是双方经过协商之后，明确提出规划中应该完成的内容。如表 9－1 所示。

表 9—1　规划编制起始阶段双方的任务

起始阶段主要任务	规划编制委托方	规划编制承担方	备注
协议起草			任何一方起草协议，双方商定
规划领导小组			甲乙双方组成，双方各指定一名联络人员
规划编制小组			规划编制单位负责
规划任务及目标			委托方提供，双方商定

第四节　编制阶段

规划编制阶段是规划成文的关键阶段，这一阶段包括实地调研、座谈会、第一次规划思路汇报、初稿形成、第一次初稿汇报及讨论会、第一次修改稿双方讨论会议、第二次修改稿提交会议、论证稿提交等环节。

一、实地调研

规划委托方根据规划要求提出调研路线，并负责提供交通工具，派遣对调查区域资源、环境、农业生产情况比较熟悉的工作人员，作为向导，并在规划涉及区域的相关乡镇部门进行座谈，了解基层部门的想法，同时负责收集第一手基础资料。基础资料包括规划区域的气象、土壤、水文、地形地貌、国土资源、人口、经济、社会相关的统计资料，同时还要注意收集规划区的其他规划，包括上一级部门的各种规划、政府的相关政策等，以便在制订规划时前后衔接和相互统一。

二、座谈会

根据规划的要求，一般在规划开始阶段，第一次实地调研结束之后，根据调研情况，规划委托单位和规划编制单位协商召集规划编制涉及的农业、城建、林业、水利、畜牧、农发、规划办、发展改革委员会等职能部门及主管农业的最高行政首脑，就规划的目标和想法进行沟通，以便规划小组能更好地领会和解析委托方的目的。

三、规划思路汇报

在座谈会结束后，规划编制方根据规划委托方的意见，结合实地调研的情况和该区域区位、资源特征，提出规划的目标、定位、规划的主要内容等关键问题，然后对规划委托方进行第一次汇报，双方主要成员参加讨论会，就规划思路进行沟通，减少分歧，达到双方对规划编制思路和认识上的统一。

四、初稿编制

在规划思路统一的基础上，规划编制方根据规划编制组的专业构成，进行合理的任务分工。然后各负责人根据自己负责的专题分头撰写规划文本，同时进行相关图件的制作。各方在约定的时间内完成各自的内容，最后汇总到规划统稿人，由统稿人根据规划编制的框架进行统一编撰，形成规划初稿。在初稿完成后，制作 ppt，联系规划委托单位，商议规划初稿汇报会议。

五、初稿汇报及讨论会

规划委托方根据编制方的要求召集职能部门相关人员与会，编制方对规划初稿进行详细的汇报和说明，双方就规划的定位、内容等进行讨论，形成统一的修改意见。

六、规划稿的修改

规划编制方根据汇报会的修改意见，就会议提出的问题做进一步实地调研，对规划初稿进行有针对性的修改，最终形成修改稿。然后将修改稿提交给规划委托方，委托方对修改稿进行仔细的研读和审查，提出进一步修改的意见，并反馈给委托方，委托方根据反馈的修改意见，对规划稿进行第二次修改。

七、修改稿汇报会

在修改稿完成后，双方协商再次召开汇报会。规划方详细地将规划方案汇报，委托方对规划进行讨论，再一次形成修改意见。会议结束后，规划编制方根据修改意见，对规划进行验收前的修改，并形成验收稿。

八、规划验收与最终方案的提交

在规划最后一次修改稿完成之后，规划双方协商规划验收论证时间和地点。在双方确定规划验收时间和地点之后，双方就规划论证的专家委员会名单进行协商确定，这一阶段包括准备规划论证意见和规划终稿修改。

规划论证的专家委员会一般最好有规划委托部门的上一级业务领导或者主管领导参与，另外需要各专业的专家和学者参与。一般由专家委员会、规划委托方和规划编制方构成。

在论证会议结束后，规划编制方根据验收专家组的意见对规划进行最终的修改，形成最后的正式稿。

规划终稿形成后，规划编制方根据合同约定，印刷规划文稿，并将文稿的纸质版、电子版全部提交给委托方。委托方同时根据合同要求给规划承接方（编制方）支付费用，履行完毕。

九、成果形式

生态规划的基本体例与其他规划基本一致，一个完整的生态规划报告由四个部分组成：文本、图件、说明书、附件和附录，有时还需要专题报告。其中文本和图件是提交给规划委托单位的正式文件，供审议和批准之用，二者具有相同的（法定）效力；而说明书、专题报告和附录仅是提交给规划委托单位和相关部门的文件，无需批准。

1. 文本

文本用简洁明了的文字把规划的结论表述出来，省去大量的说明、分析和论证的文字，供决策使用，是规划的核心部分之一。文本一般用条文式的方式表达，也可以用简练的文字段落来表达。

2. 图件

图件是规划的结果在空间上的表达，使规划更直观明了，也弥补了规划难以用文字表述的内容。

3. 说明书

说明书是对文本进行详细的说明、分析和论证，文字材料多，内容详尽。说明书一般用章、节、目的形式表达。

4. 附件

是文本和说明书的补充材料，可以是针对文本和说明书中的某个专题进行更为深入的论述，也可以是摘录一些重要的文献资料来辅助说明问题。

5. 附录

附录的内容往往是并列的，相互之间没有太多的联系，一般采用顺序罗列的方式表达。附录一般是引用已有的资料，如政府报告、统计资料、研究报告、新闻报道、领导讲话、上层规划等，作为说明某些问题依据。

6. 专题报告

专题报告是说明书的延伸，为了弥补说明书在某些方面表述的不足而提交的报告资料，是就某个问题或某个方面进行深入的分析、论证和说明。说明书往往为了保持结构的平衡和内容上的连贯，不能对一些问题进行大篇幅的说明，这就需要专题报告来补充分析论证。专题报告之间可以不相互联系，也可以不互为前提。

第十章　乡村振兴规划方案审查规范与要求

审查是保障规划方案走向最终实施的最后程序，是对规划方案科学性、可行性的最终评判，是保障规划实施的必要环节。

第一节　乡村振兴规划方案审查制度

目前，在规划方案的审查制度方面，主要以城市规划和城市建筑规划的审查为主，农业规划方案的审查则以第三方的评审为主，缺乏规划的审查制度。乡村振兴规划是一个综合性的规划，涉及产业、生态、文化、组织、村庄建设等诸多方面，不是一个单一的规划。因此，规划方案形成之后，进行多部门、多维度的审查是保障规划科学性和可操作性的重要环节和措施。

一、成立省市乡村振兴规划审查机构

1. 成立乡村振兴规划编制方案审查领导机构

为了保障乡村振兴规划方案审查意见的专业性、严肃性和权威性，建议各省区乡村振兴管理机构，成立专门机构负责对本省各级乡村振兴规划编制方案的审查和实施过程的指导监督。以主管农业的副省长牵头，发改、国土、农业农村、教育、科技、社保等部门组成审查领导机构，具体业务由农业农村部门负责，负责指导本省区乡村振兴规划审查制度、审查方案的制订和审查结果的认定与评判；同时，负责制订乡村振兴实施绩效考核、监督与评价机制。

2. 成立规划方案审查业务执行机构

在领导机构架构下，成立若干乡村振兴规划方案审查工作小组。小组成员由政府部门管理人员，从事农、林、水、经管、社会学、城市规划等专业技术人员，包括各市县职能部门的相关管理人员共同组成审查工作小

组，开展对全省各级乡村振兴规划方案的审查。

二、制订乡村振兴规划方案审查条例

1. 制订乡村规划方案的审查方案

根据国家对乡村振兴的相关要求，结合本省区乡村振兴战略实施的进度和各地区乡村振兴规划方案编制开展的情况，制订乡村振兴规划方案审查实施方案，明确各地区各级乡镇乡村振兴规划审查的计划。

2. 制订乡村振兴规划方案审查条例

针对乡村振兴规划内容的要求，从规划编制人员、技术团队，规划编制依据、框架、内容和措施，规划评审环节等方面，制订方案审查的条例。

三、组建乡村振兴规划方案审查专家库

1. 建立入库专家标准

针对乡村振兴规划方案的多学科性、综合性，要求审查专家必须具有深厚的专业背景，熟悉农业生产、农村社会管理、乡村旅游、乡村文化、现代农业、现代园艺、农业区域发展、农业规划设计、乡村规划、生态学、环境治理等方面的专业知识。因此，要根据选择具有宏观农业和熟悉农业农村基层工作的背景为基础，制订入库专家标准。

2. 搜集专家信息，构建审查专家信息数据库

根据制定的专家标准，针对规划审查的技术要求，在全国范围内搜集相关专家信息，建立方案审查的专家数据库。

四、编制乡村振兴规划专家审查工作指南

1. 编制规划方案审查指南

根据乡村振兴规划要求，组织相关专家编制规划方案审查工作指南，制定专家审查期间的时间节点、工作内容、工作形式和审查意见编写要点，以方便专家开展工作，针对规划方案提出科学、客观的审查意见。

2. 培训审查专家

针对审查的要求和方案，针对性的对入库和抽调审查的专家开展技术培训，使其从程序、技术、组织层面尽快熟悉审查要求，能够按照规范进

行对规划方案审查。

第二节 审查方式、审查主体及审查流程

一般规划编制通过规划委托单位邀请的专家对方案进行技术评审。规划编制单位根据评审专家的意见，进行系统修改后，提交给规划委托单位，规划委托单位组织实施即可。但是由于乡村振兴规划方案的复杂性和多学科性，以及规划方案对国家诸多战略的贯彻落实以及涉及地方政府、规划区民众、参与企业等诸多的利益关系，有必要对规划进行审查。一般规划的审查可以分为专家评审、第三方审查、专业评价机构的审查和规划单位的委托审查几种形式。

一、审查方式

1. 专家评审

由规划委托单位邀请相关领域的专家（审查专家库中随机筛选，组成审查专家组），对规划编制单位提交的规划方案进行论证，规划编制单位要对规划方案进行现场汇报，规划评审专家根据提交的规划文本、汇报和质询环节，提出规划评审意见。评审意见分为通过、不通过和修改后通过。一般的评审，基本上都是专家针对规划中存在的不足，提一些修改建议，通过或不通过的意见还是以规划委托单位为准。

2. 委托第三方审查

第三方审查在规划的编制过程中应用的比较少，一般是指规划委托单位将规划编制单位提交的方案，委托给与双方利益无关的第三方单位进行审查。第三方单位组织专家（结合审查专家库或者本单位的专家）对规划方案科学性、可操作性等方面进行审查，提出审查意见。此种方式，规划委托单位和规划编制单位均不参加，基本上属于盲审，具有一定的客观性和公正性。但也存在审查意见的科学性和客观性片面的问题，这由委托审查第三方的专家构成、业务素质决定。

3. 专业机构审查

规划委托单位，或者规划编制单位，或者双方协商，将规划方案交由具有资质的专业机构进行审查。在审查过程中，根据专业机构审查程序

或审查规范的要求，双方或者一方，出席审查会议，对审查过程中的疑问进行解释。这种审查方式对双方都不回避，双方均知道审查的程序、人员和审查内容。这种审查结果的科学性、客观性取决于专业审查机构的专业性及其资质。

4. 规划委托单位自己审查

规划委托单位自行组织本系统或本部门的专家、各职能部门的领导、业务主管对规划开展的审查(重点以专家库专家为主)。这种审查可以要求规划编制单位进行汇报，也可以根据文本，对规划编制内容、措施、用地情况，针对本规划区域的要求进行审查。特点是本区域各职能部门对情况熟悉，对规划中存在的问题可能分析得比较到位，缺点是缺乏对规划部门提出的规划理念深入了解，而出现思路比较保守的问题。

二、乡村振兴规划方案审查主体

审查主体是指由哪些部门对规划编制方案提出审查，并监督和执行审查。审查既是对规划方案科学性的审查，也是对规划委托单位和规划编制单位在开展规划编制过程中执行程序的审查，既有对规划方案、科学性的审查，也有对规划程序的规范性、合法性的审查，是保障规划严肃性的重要措施。因此，审查主体的确定非常重要。

1. 审查主体选择的原则

利益关系原则：审查主体要求与规划委托单位和规划编制单位没有利益往来，保证审查程序的客观公正。

权威性原则：审查主体要求具有很强的权威性，为规划委托单位和规划编制单位所认可。

2. 一般审查主体

针对规划编制的层级，规划审查的主体可以由以下单位执行。

(1)规划委托单位。对乡镇及村级规划的编制方案，由规划委托单位作为审查主体，采用专家评审、委托第三方机构审查、专业机构或自行组织专家进行审查的方式对规划编制方案进行审查。

(2)规划实施主体单位。由规划区域所在的乡、村作为主体，采取以上四种方式中的一种，对规划方案进行技术和法规审查。即由所在地的乡镇村二级部门作为主体进行审查，重点审查规划内容的科学性。

(3)上级主管单位。由省级部门作为审查主体，对县、乡、村各级规划组织审查，是保障审查结论权威性的措施。

三、乡村振兴规划方案审查流程

审查流程是指审查机构开展规划方案审查的工作程序，即先干什么、再干什么、最后干什么，是指导审查机构工作的基本规范。本建议提出规划审查的基本流程。

乡村振兴规划编制方案审查领导机构，首先制订本区域乡村振兴规划审查方案，明确审查主体，由审查主体确定审查方式，审查小组根据审查方案开展审查工作。一般需要完成总体流程设计、规划方案审读、听取规划委托单位和编制单位的介绍、实地查看(必要的时候)、形成审查意见。

1.总体设计流程审查

审查主体组织审查专家对规划编制程序进行审查。重点审查委托和编制双方人员构成的审查、规划编制专家组队伍专业结构，编制过程是否进行了大量调查和座谈会议，对编制过程的报告、编制思路沟通和编制框架的科学性等开展程序性审查。

2.规划方案审读

审查专家一般在规划审查会议前3～5个工作日完成对规划报告的审读，形成审读意见。

3.听取规划委托单位和编制单位的介绍

规划委托单位与编制单位共同组织审查报告会，编制单位对规划方案进行细致的讲解，接受质询，解答审读意见中的疑问。

4.实地查看

对于部分比较重要的规划或者编制方案疑问较大的规划方案，规划审查专家有必要提出现场查看的要求；委托单位协调，组织审查专家进行现场查看，审查专家根据现场查看的情况，完成审查意见。

5.形成审查意见

在审读、质询会议和现场查看的基础上，规划审查专家和审查专家组形成“1＋N”个审查意见，即审查专家组的总体审查意见（由审查专家组组长完成），以及审查专家完成各自的审查意见（要求审查意见独立完成）。

6. 审查意见反馈

专家组意见和专家个人审查意见在审查会议结束后10～15个工作日内提交到审查主体部门，由审查主体部门反馈给规划委托单位，委托单位根据意见要求提出最终修订的反馈意见，反馈给规划编制单位，由规划编制单位进行对方案的修改和完善。

第三节　乡村振兴规范方案审查重点

乡村振兴规划方案审查哪些要点、按照什么标准和规范进行审查，是审查结论是否具有科学性的关键。建议规划方案的审查重点应考虑对规划编制的法规依据、土地利用等10个层面进行审查和评判。

一、相关国家法规

重点审查乡村振兴规划方案对国家相关法律、法规、政策和规范的解读，以及规划区相关社会经济发展规划的层次性、针对性、统筹性等方面。

二、土地利用

重点审查土地利用属性是否违反国家相关规定，如基本农田土地属性与建设用地之间是否存在冲突、生态保护土地利用红线是否在规划中被突破、是否严守三区三线限定。

三、空间布局

重点审查乡村生产、生活和生态空间的布局是否合理可行，村庄中居民居住环境的空间布局、规划区域内镇中心、中心村和自然村（聚落）的空间布局是否符合撤乡并镇的要求。

四、规划思路和目标

规划思路是否清晰、规划提出的目标是否可达成、可操作和可考核，是否包含国家乡村振兴战略的“二十字”方针要求。

五、产业振兴审查要点

重点审查产业体系、生产体系和经营体系的设计和规划。产业空间布局、产业发展措施是否体现绿色化、现代化和标准化，是否落实了居民增收的规划目标。

六、生态振兴要点

重点审查山水林田湖草生态保护措施与保护制度的针对性、科学性和可操作性；农业生产过程、居民生活过程废弃物的资源化利用模式和措施是否可行；居民生活区垃圾及社区环境卫生整治设施配置、制度建设等是否完善。

七、文化振兴审查要点

重点审查文化资源的梳理、文化保护与文化产业化发展的途径、措施；文化与旅游和乡村休闲之间融合设计的思路、措施是否具有针对性、可操作性；审核文化的先进性，是否针对传统文化振兴措施、设施及相关项目而提出。

八、组织振兴审查要点

重点审查组织建设是否完善、乡村组织制度建设、乡村组织社会活动的开展和乡村带头人培养等方面的措施是否符合国家相关政策、法规；是否针对本区域组织振兴的现实情况，提出创新性的组织管理模式和制度。

九、规划编制预算审查要点

重点审查乡村振兴规划方案各项目凝练是否可行，各项目的估算编制的依据是否充分，估算是否科学，计划执行时间、资金来源渠道和筹措计划是否具有可操作性。

十、规划实施措施的审查要点

重点审查针对规划方案实施提出的机制、体制是否具有能够保障规划顺利实施的指导价值；乡村振兴人才培养和吸引的渠道及政策是否可行；是否将国家粮食安全、绿色发展、生态文明建设、供给侧结构改革等重大战略目标贯彻到乡村振兴的具体规划；是否具有将脱贫攻坚与乡村振兴结合的措施；是否具有将三产融合与居民生计结合的措施；是否具有切实可行的资金筹措和来源渠道管理的措施。

第十一章　实施乡村振兴战略需要关注的若干问题

第一节　乡村振兴十大关注问题

乡村振兴战略是党中央在新时代提出的重大战略部署，是新时代做好“三农”工作的总抓手，是中国城乡统筹发展的重要战略构成，是推动中国乡村发展的宏伟工程。乡村振兴涉及乡村地理空间的聚落、民生、文化、治理与环境等诸多问题，是一项非常复杂的系统工程，其中若干问题，如钱从哪里来、地由谁来种、资本与农民收益怎么分配、集体经济怎么壮大、文化建设怎么界定、绿色发展与资源开发怎么平衡、食物安全怎么保障、谁来监管和考评等，都是大家非常关注的问题。如何科学地实施这一伟大的战略工程，有序推进中国乡村建设的步伐，保障小农户的切身利益，使乡村既是承载中国传统文化的载体，也是实现中国梦的重要舞台，更是保障食物安全的基地。实现城乡同步发展，共同繁荣，这是时代给我们提出的课题。笔者在对中国西北典型区域乡村调查的基础之上，提出乡村振兴需要关注以下十个方面的问题。

一、警惕乡村振兴中资本下乡对乡村产业的控制

“钱从哪里来”，是乡村振兴能否顺利推进的重要问题。完全依靠政府的财政投入是不现实的、也是不可能的，尤其是对经济落后财政需要国家转移支付的广大西部贫困地区，依靠政府财政买单实现乡村振兴几乎是不可能的。靠老百姓自己筹措资金开展乡村振兴，对于经济发达地区集体经济基础较好的区域而言，这个可能性有。但对于中西部地区尤其是广大贫困地区，尚处于脱贫攻坚中的老百姓而言，是不现实，也是不可行的。因此，引进民间资本参与到乡村振兴成为各地普遍采取的办法。

资本也确实在乡村基础设施建设、产业融合、资源开发方面起了巨大的作用。但是在实地调查的过程中发现，资本引进之后，在发展过程中，控制了村民的优质土地、村民的山林湖泊、文化旅游资源，赚取了丰厚的利润。村民和村集体实际上在这个过程中处于弱势，基本上被排除在资本控制的产业之外，除了搬进了外表比较华丽的安置房，收取微薄的土地流转费和山林流转费之外，在改善居民就业和收入方面，并没有实质性的效果，而且还增加了生活的成本。因此，在乡村振兴战略实施的过程中，对资本的介入要有严格的规定，否则资本就成为掠夺乡村资源发家致富的“帮凶”。

二、保护乡村振兴中的农户收益分配问题

在乡村振兴中如果农户的收益得不到提高、收益分配问题得不到很好的解决，实现乡村振兴的目标就是一句空话。在调查过程中发现，资本在参与到乡村旅游、农业产业等开发的过程中，关于企业收益的二次分配问题基本上没有涉及农户。当地老百姓仅仅是获得了土地流转费、山林流转费等企业对资源使用权的占用费，以及部分有劳动能力的村民参与企业生产的劳务费。之外，企业在经营过程中获得的经营性收入，没有进行二次分配。对当地政府而言，可能增加一些税收。因此，在乡村振兴过程中，资本参与到乡村的开发中，必须要构建相应的二次分配机制，合理分配经营收益，以此提高小农户的收益。

三、亟待壮大乡村集体经济力量

集体经济是立足当地自主开展乡村基础设施建设、产业开发、乡村治理的重要经济保障，也是村集体能够与外来资本对等开展合作的基础。在调查过程中发现，目前乡村集体经济基础普遍薄弱，一是村集体的机构不够完善，人员能力不足，管理水平比较低；二是乡村集体产业缺乏，相当一部分乡村没有集体企业，缺乏稳定的收入；三是财政力量薄弱，缺乏可用于开展乡村基础设施建设、村民养老、幼儿教育等方面的资金。在乡村振兴过程中，村集体很难以对等的身份开展与外来企业的合作。因此，乡村振兴过程中，必须扶持壮大村集体经济，重视集体经济力量的建设，才能够保障村民在乡村振兴中的收益分配问题。

四、客观看待旅游业在乡村振兴中作用问题

旅游服务业、休闲观光业和农业体验是当前乡村振兴产业融合过程中最具有活力的热门议题，也是提升农业产业比较成功的措施。但是要客观看待在我国55万个行政村、300多万个自然村落中，有多少具备开展乡村旅游、休闲观光农业等项目的条件。乡村旅游对客源、对市场有严格的要求，并不适宜于所有的乡村。因此，在乡村振兴中，要严格区分城郊服务型乡村、文化传承性乡村与粮食生产、畜牧业生产等保障国计民生乡村的实施方案，不能一哄而上都搞休闲旅游，严格界定旅游在乡村振兴中的范围和界限，客观看待旅游的作用。

五、警惕乡村振兴中借文化振兴发展迷信宗教活动

文化振兴是乡村振兴的重要内容。文化振兴的内涵很丰富，根据笔者多年对乡村社会的调查和了解，很多地方在经济富裕之后，村民集资建设寺庙的风气比较严重，迷信之风盛行，而且这一过程缺乏科学的界定，监管部门也无法认定什么是乡村文化、什么是封建迷信。因此，在乡村文化振兴中，要严格界定乡村文化振兴的内涵，哪些属于文化振兴的范畴、哪些属于封建迷信范畴，政府怎么去监管宗教活动，鉴定其与迷信之间的区别，警惕借乡村振兴大搞封建迷信活动。

六、严守乡村振兴中食品安全问题

食品生产是乡村的主要功能，产业振兴是乡村振兴的基石，保障食品安全是乡村振兴的重要目标。在乡村振兴战略实施过程中，要重点关注粮食（棉花、油料）主产区、畜牧业主产区等区域乡村产业功能的定位与乡村居民的收益问题，严守这些区域乡村耕地的属性，警惕借乡村振兴变更耕地属性，发展其他与粮食生产无关的产业，确保国家食品安全。

七、正视乡村振兴中的绿色发展问题

生态振兴是乡村振兴的核心内容之一。绿色发展是生态振兴的重要措施，是解决农业污染问题的根本之策，是乡村生态文明建设的重要举措。乡村绿色发展涉及乡村产业的绿色发展、乡村环境的绿色治理、乡村聚落的绿色建设、乡村生态的良性循环，是一项非常复杂的系统工程。首

先，调查不同生态类型区乡村的类型、产业发展水平、绿色发展的制约因素，构建基于自然地理、社会经济、文化习俗和生产方式方面的分类指标体系。其次做好开展乡村和产业发展进行科学分类和绿色发展程度评价工作，完成绿色发展分区方案，制定乡村振兴绿色发展顶层规划设计，聚焦乡村绿色发展科学问题、技术瓶颈，完善乡村绿色发展的绩效评价与保障机制，为乡村振兴战略及农业产业的绿色发展提供科学的方案。

八、科学评估不同类型乡村基础设施投入力度与时序

基础设施建设是乡村振兴的重要内容。我国不同区域之间乡村人口规模、乡村区位、乡村文化、乡村产业、乡村基础条件差异很大。广大西部地区，乡村聚落分布比较大。根据调查相当一部分乡村常住人口比较少，人口的老龄化问题比较严重，加之空心村问题突出，如果不加区分的搞大规模的基础设施投入，几年或者十几年之后将成为空心村，是对社会资源的极大浪费。因此，在乡村振兴过程中，根据不同区域乡村人口、产业和文化特征，制订科学的建设方案，根据实际情况分步实施乡村基础设施建设，以免造成大量社会投入的浪费。

九、尊重乡村的区域差异性、产业差异性、文化差异性问题

地域多元化、产业多元化和文化多样化，是几千年来我国社会形成的现实，也是中华传统乡村文化形成的基础。在乡村振兴战略实施中，一定要遵循乡村地域特征、文化特征和产业特征，保持乡村性，乡村就是乡村。警惕把城市或城镇的要素一成不变地照搬到乡村，使乡村失去乡村的特色。因此，乡村振兴实施过程中，要保持乡村的乡村性，突出乡村的地域特色、产业特色和文化差异性，传承中华乡土文化。

十、强化民众正确的乡村社会观、乡村生产观和乡村文化观

农大毕业的学生从事农业行业的比例比较低，从乡村走出来的孩子不愿意务农，除了农业行业艰苦和经济收益比较低的原因之外，错位的乡村社会观、乡村生产观和乡村文化观是当前乡村留不住优质人才、吸引不来青年人才的重要因素，也是长期以来缺乏对乡村“三观”教育的必然结果。我国中学或者大学教育中，农业和农业大学被标上收入低、行业艰苦

的标签，传统社会观念把远离农业、脱离农村、脱离农民身份作为一个人成功的标签，“跳出农门”是农村学子奋斗的目标。从而导致了整个社会对乡村社会、产业和文化“三观”认识的偏差。农村出身的无论是否有高等教育的背景，对从事农业生产都有着严重的偏见，加之农业收益较低，农村生活环境差、交通信息闭塞等与城市相比的差距，成为当前乡村留不住人才的重要因素。因此，很有必要在中小学、大学教育中增加关于乡村社会观、乡村生产观和乡村文化观三观教育的内容，从娃娃开始，接受正确的乡村三观教育，为中国乡村振兴培养后备人才。

第二节 乡村振兴战略下中国高等农业教育人才培养改革思考

高等农业院校是解决中国三农问题的中坚力量，是农业科技创新、新型经营主体培育、美丽乡村管理人才培养的主体力量，承担乡村振兴中人才振兴的核心工作。2017 年中共中央十九大会议上提出了乡村振兴战略，2018 年中央农村工作会议明确了实施乡村振兴战略三步走的目标。高等农业院校面对国家乡村振兴战略对人才的重大需求，如何将“双一流”建设与国家使命、责任担当有机结合起来，为中国农业科技创新、为乡村振兴培养一批“一懂两爱”的人才，保障国家粮食安全、生态安全和农村的可持续发展，既是国家战略要求，也是高等农业院校的使命。通过系统分析十九大提出的乡村振兴战略及 2018 年农村工作会议的精神，分析乡村振兴战略对农业科技人才需求状况，结合高等农业院校现有人才培养体系，提出高等农业院校人才培养改革的思路及构想。

一、乡村振兴战略对人才需求特征的分析

2018 年《中共中央国务院关于实施乡村振兴战略的意见》以及中央农村工作会议针对十九大提出的乡村振兴战略，明确了实施乡村振兴战略的三步走的目标任务，即“到 2020 年，乡村振兴取得重要进展，制度框架和政策体系基本形成；到 2035 年，乡村振兴取得决定性进展，农业农村现代化基本实现；到 2050 年，乡村全面振兴，农业强、农村美、农民富全面实现”。并针对中国特色社会主义乡村振兴道路怎么走，会议提出了七条

之路:必须重塑城乡关系,走城乡融合发展之路;必须巩固和完善农村基本经营制度,走共同富裕之路;必须深化农业供给侧结构性改革,走质量兴农之路;必须坚持人与自然和谐共生,走乡村绿色发展之路;必须传承发展提升农耕文明,走乡村文化兴盛之路;必须创新乡村治理体系,走乡村善治之路;必须打好精准脱贫攻坚战,走中国特色减贫之路。由谁去实现这一伟大的任务,如何实现这一伟大的战略目标,是当前亟待解决的问题。

从中可以看出,我国乡村振兴战略时间跨度长达30年,七条之路,明确了乡村振兴战略的措施。通过对七条的分析,可以看出,乡村振兴战略对高等农业院校本科人才的需求集中在以下几方面。

第一,需要一大批具有投身乡村振兴战略理想信念、扎根乡村情怀的青年才俊。乡村振兴战略亟待大量懂农业,爱农村和爱农民,了解农业产业、熟悉乡村事务,有志于积极投身乡村产业、乡村社会管理等乡村振兴伟大事业的有志青年。

第二,需要参与乡村振兴战略的建设者具备扎实的专业知识与技能。乡村振兴战略需要大量系统接受植物生产类、动物生产类、农业生态环境保护、乡村建设规划、休闲农业、设施农业、生态农业、乡村社区服务、互联网技术、智慧农业、农业信息技术等专业教育,掌握种植业、养殖业、农产品加工业及农业全产业链开发经营管理知识与技能的人才。

第三,除了掌握生产环节系统的知识之外,还需要具备经营、管理和乡村治理方面的知识。要求建设者熟悉农业产业化、农业经营管理、乡村旅游、农产品物联网、农产品加工、食品质量安全监测、农业标准化、农村社区管理、法律法规方面的知识,同时掌握农业产业化、农村社会管理等乡村治理的综合性人才。

根据不完全统计,我国目前有55万个行政村,如果按照一村一名农业技术人员和乡村管理人员配备,需要110万人,这就对农科类毕业生有了大量需求;其次,在乡村振兴战略实施过程中,随着农业形态的拓展、产业链的延伸,在吸引农科类毕业生创业,参与技术服务、物流等方面需求很大。

二、现有农科类人才培养与乡村振兴战略对人才需求之间的矛盾分析

1. 专业设置过细，增加了乡村振兴过程中多专业人才投入，导致成本问题比较突出

我国现有高等农业学院涉农类专业人才培养目标都比较单一，专业设置基本上是按照农业行业为主进行设置的，如植物生产类专业包括农学、园艺、植物保护、植物科学与技术、种子科学与工程、设施农业科学与工程、茶学、烟草、应用生物科学、农艺教育、园艺教育；动物生产类专业包括动物科学、蜂学、蚕学等。从专业设置上来看，现有专业设置与人才的培养模式与农业生产部门高度契合，人才的专业素养与知识结构比较单一。而当下开展的乡村振兴战略需要的是既懂种植业、养殖业，又懂经营管理和乡村治理的"全科医生"式的农业人才。现有人才培养的模式与跨专业多元复合型人才的需求矛盾较大。乡村振兴战略中农业产业涉及种植业、养殖业、植物保护、园艺、林业、生态等多学科多专业，对人才的需求是多元化的，如果按照现有专业设置培养人才和配置服务队伍，人力投入的成本势必非常大，不现实。

2. 人才培养目标、模式与复合型人才培养的需求之间的矛盾

现有农科类人才培养是以解决种植业、养殖、林果业、农副产品加工业等过程中的基础研究、关键技术和模式推广为主的人才培养目标与课程设置体系。尤其是重点农业院校，非常重视以培养基础研究为主的创新人才，对服务农业产业、农村社会的创新人才的培养相对比较弱。而乡村振兴战略是一个多目标、复合型的事业，具体到某一个乡村时，在人才需求方面，要求从事该项工作的人才不仅仅具有能够解决种植、养殖等具体生产技术环节层面的能力，还需要针对乡村振兴从产业链的角度去设计解决方案，要求具有种植、养殖、植物保护、气象、生态环节等方面的知识，同时还要具有与乡村社区管理相关的法律、法规及社区管理方面相关的知识与能力，属于复合型人才培养模式。现有以单一学科为主的人才培养模式，很难满足乡村振兴战略对人才的需求。

三、乡村振兴战略对本科毕业生能力要求的分析

根据乡村振兴战略对农科类人才专业素养、知识结构等方面的需要，

要求毕业生应该具备以下能力。

1. 毕业生要具有长期扎根农村、奉献“三农”的职业情怀

通过对乡村振兴战略目标和七条路径的分析，要求从事乡村振兴战略的毕业生，具备“懂农业、爱农村和爱农民”的职业素养与“三农”情怀；要有践行这一伟大事业的使命感和责任感；要具有与该项国家战略高度一致的人生观、价值观和世界观；具有生态农业、绿色发展和可持续发展的知识与理念；具有正确认识和保护中华乡村文明的价值理念。

2. 毕业生要具有践行乡村振兴战略所要求的专业基础知识、专业技能

乡村振兴战略要求毕业生首先要具有扎实的数理基础知识、农科类专业基础知识，要掌握现代农业科学技术方法和信息技术手段，对乡村振兴战略中出现的种植业、养殖业、休闲农业、生态农业、农村社区管理等问题进行系统的研究，提出创造性地解决问题的方案；其次，能够用所学的专业知识、技能，创造性地解决乡村振兴战略过程中出现的复杂问题；第三，毕业生要熟悉现代信息技术、智慧农业、数字农业、农艺与农技结合等现代农业的手段和工具以解决实际问题；第四，要具有一二三产业融合与现代互联网技术、乡村文化、休闲旅游协同发展的知识结构和与之相适应的能力；第五，具有一定的法律知识、乡村管理知识，具有利用相关法律知识和管理知识处理乡村管理事务的能力。

3. 毕业生要具有能够融入现代乡村管理的沟通、交流能力以及亲和力

深入乡村，参与到乡村产业发展、乡村管理，要求从事这一项事业的毕业生要具有与农村居民、农业经营者交流时较强的语言沟通表达能力，能够用农民的语言和表达方式开展乡村管理与产业发展的沟通；能够用流畅的书面表达方式与同行、社会公众进行有效沟通，具有与农村居民沟通的亲和力。

4. 毕业生要具有良好的团队合作能力，作为核心成员领导或者参与建设

要求毕业生能够与村民及其管理者或团队成员和谐相处、协作共事，

并作为乡村振兴战略中的核心成员或领导者，在团队活动中发挥积极作用，主动参与具体乡村振兴方案规划、实施。

5. 毕业生要具有将中国乡村振兴战略置于国际背景下的胸怀、视野与能力

参与乡村振兴战略的毕业生，不仅要了解国内乡村振兴动态，而且要关注全球发达国家乡村建设过程中的经验、模式，具有将国际发达国家的经验引进、消化、吸收，与本土方案结合的能力。

6. 毕业生要具备终身学习的能力

我国乡村振兴战略计划实施时间长达 30 多年，需要几代毕业生为之奋斗。这个过程中，社会发展、经济建设、科技等都在不停地发展，要求从事这一事业的毕业生具有终身学习意识和自我管理、自主学习能力，能够通过不断学习，适应社会和个人可持续发展的需要。

四、高等农业院校人才培养改革思路

乡村振兴究竟需要具有什么样能力的人才，如何培养满足这些需求的人才，采取什么样的改革措施，才能培养满足社会需求的人才。针对乡村振兴战略中对人才的需求，结合现代农业发展的趋势及发展特征，以“农学＋生命科学、农产品加工、物联网、乡村文化、乡村社会、环境学”为模式、以学生发展为中心、以社会需求为导向，利用系统工程方法与反向设计理论，优化高等农林院校农科专业设置，重制本科人才培养目标，通过合理设置课程体系、加强师资队伍、优化实践教学环节、强化支撑条件、完善反馈机制、培养学生终身学习能力等措施，使专业设置最大限度地满足农业产业发展需求，使人才培养目标尽量契合乡村振兴战略的需要，使课程设置尽可能支撑毕业生能力的达成，使师资队伍尽可能充分发挥其创造能力，使实践环节尽可能提升学生动手能力，使支撑条件尽可能保障人才培养需要，使反馈机制尽可能保证持续改进的质量水平、使终身学习能力成为保证毕业生能力的一种途径，以培养“全科医生”式的方法，培养满足乡村振兴战略所要求的人才。

1. 改革专业设置，培养“全科农学”农学专业人才

根据乡村振兴战略、粮食安全等国家重大战略对农业人才的需求，按

照“农学＋”人才培养改革思路，一方面应保障对国家战略中对农业领域基础研究创新型人才的需要，另一方面应满足乡村振兴战略对多功能复合型人才的需求。设置以“农学＋现代生命科学”的高级创新人才培养方案，为国家粮食安全领域的重大科学问题和技术培养创新人才；以“农学＋生命科学、农产品加工、物联网、乡村文化、乡村社会、环境学”的复合应用型人才培养方案，为国家乡村振兴战略培养“全科农学”乡村管理人才。

2. 革新人才培养模式，重构人才培养方案

首先，根据国家乡村振兴战略对人才能力的需求，结合现代农业发展的趋势，利用情景分析和系统工程的方法，重构人才培养目标，培养既懂得现代农业生产的专业知识与技能，又热爱乡村管理、有志于农民脱贫致富的具有“三农”情怀的创新创业人才；其次，根据人才培养目标与能力要求，从通识课程、基础课程、专业课程、实践教学等环节，设置与目标、能力契合度高的课程体系；第三，根据课程体系及课程对培养目标的要求，确定授课内容、授课方法；第四，根据授课内容及授课方法的要求，配置师资队伍，提升教师的教学能力；第五，根据乡村振兴战略对人才在农村产业链设计、乡村文化、乡村社区管理、有效沟通等方面能力的要求，构建丰富多彩的选修课。

3. 加强创业意识教育，强化农业创业能力培养

根据乡村振兴战略的目标，未来 30 年是中国农业产业和农村社会经济发展最具活力和创新能力的 30 年。因此，第一，在人才培养方面，进一步加强“全科农学”复合型农业人才创新创业意识、创新创业能力的培养力度；第二，在分类培养的基础上，加大对复合应用型人才在农业领域项目设计、产品开发、市场分析、物流管理、物联网等创业意识、创业素养、创业能力的培养；第三，创建基于以乡村振兴战略为目标的创新创业课程体系与师资队伍；第四，加强校企合作，利用企业优质资源培养创业人才能力，采用多维人才创新创业能力提升举措。

4. 优化实践教学环节，提升人才实战能力

针对乡村振兴战略对人才能力的需求，进一步加强人才实践能力培养。第一，通过优化教学环节，进一步加大人才在解决种植业、养殖业、加工业等生产实践中问题的能力的培养；第二，增加学生在校期间，参与乡

村农业生产、农业产业发展、农业技术培训、乡村社区管理、乡村生态环境治理等方面的实践活动，让其充分了解农业、农村和农民，培养其“三农”情怀和服务农业、农村、农民的能力与意识。

综上所述，分析了乡村振兴战略对人才需求的特征以及高等农业院校农科类专业本科人才培养与乡村振兴战略对人才需求之间的矛盾，剖析了乡村振兴战略对人才能力的要求，并针对毕业生能力的要求，提出了以“农学＋”为模式、以学生发展为中心、以社会需求为导向的农科类专业人才培养改革思路，提出改革专业设置，培养“全科农学”专业人才；革新人才培养模式，重构人才培养方案；加强创业意识教育，强化农业创业能力培养和优化实践教学环节，提升人才实战能力等措施。

五、乡村振兴规划编制中人才振兴措施编制注意事项

人才振兴是乡村振兴是否能够实现的关键，在乡村振兴规划编制中关于人才振兴的实施措施必须站在省级、市、县高等教育机构、科研机构、人力资源管理机构的角度全局统筹、综合考虑，要体现乡村振兴过程中对各类人才的分类考虑。

(1)顶层规划。在规划编制中，在县域层面上，要针对本区域乡村振兴对人才的需求，结合国家、省、市人才政策和本区域人力资源状况，按照对技术人员、乡村社区管理人员、经营人员、职业农民、普通民众等层面，多视角做好顶层设计，以满足本区域乡村振兴对人才的需求。

(2)行动计划。在规划编制过程中，针对县乡村不同级别对乡村振兴人才的需求计划，提出各类人才培养计划、人才支持的行动计划；提出鼓励各类人才投身乡村振兴的行动计划和切实可行的行动方案。

(3)配套措施。针对人才行动计划，提出保障人才行动计划落地的制度保障政策、资金投入政策。

第三节 乡村振兴战略中绿色发展科学问题思考

乡村振兴战略是党中央在新时代提出的重大战略部署，是实现中国梦的重要举措，是新时代做好“三农”工作的总抓手、全党全社会的共同行动。绿色发展是构建高质量现代化经济体系的必然要求，是解决污染问

题的根本之策，是生态文明建设的重要举措。绿色发展是乡村振兴中实现“产业兴旺，生态宜居”的重要途径，没有乡村振兴就谈不上国家的振兴，没有乡村的绿色发展就谈不上全国的绿色发展。乡村绿色发展涉及的乡村产业的绿色发展、乡村环境的绿色治理、乡村聚落的绿色建设、乡村生态的良性循环，是一项非常复杂的系统工程。乡村类型差异非常大，南北之间、东西之间、平原与丘陵之间、城市郊区与偏远乡村之间、经济发达地区与欠发达地区之间千差万别，绿色发展的道路各不相同。因此，在乡村振兴战略实施过程中如何因地制宜，科学规划、探索绿色发展的模式、道路，实现绿色发展是当前亟待解决的重大问题。

一、乡村绿色发展存在的问题

乡村振兴是一项复杂的系统工程，西北旱区是文化多元、地域复杂、产业类型多样的地区，这一地区乡村绿色发展存在以下几方面的问题。

1. 乡村类型复杂多样，对乡村类型及产业类型划分指标及标准缺失

西北地区地形、气候、农业生产条件、民族居住环境、村域类型、农业生产类型复杂多样，是我国民族居住环境最复杂的区域，是旱地农业生产类型最多元的区域，是民族习俗宗教文化最多样的区域，是经济社会发展程度最不平衡的区域。在乡村振兴战略实施的过程中，有针对性的根据不同的地域、民族、产业水平、生产类型，制定其绿色发展的方案，十分必要，也非常迫切。但是，西北地区究竟有多少类型乡村聚落、分布在什么地方、产业特征如何、生产水平怎样、区位条件是否具有优势、文化传承和生态治理状况如何，目前缺乏这些基础的以乡村为单元的信息数据，以及乡村类型划分的标准和特征指标。

2. 制约乡村绿色发展的因素复杂，绿色发展的障碍机制不明确

“产业兴旺，生态宜居”是本轮乡村振兴战略的核心目标之一。绿色发展是乡村生态宜居的关键，是旱地农业持续高效发展的根本所在。那么面对西北旱区复杂的乡村聚落和多元的旱区农业类型，制约其绿色发展的因素有哪些，影响这些因素绿色化发展的循环机制是否清楚，其关键技术、模式与绿色发展的标准规范并没有真正解决。因此，开展西北旱区乡村绿色发展制约因素及其绿色发展障碍机制的调查与研究，是乡村振兴战略“产业兴旺，生态宜居”目标要实现的关键环节。

3. 乡村绿色发展的顶层规划设计缺乏，途径不明确

乡村振兴战略是进入新时代我国解决“三农”问题的重要战略决策，绿色发展是这一战略实施的重大举措。如何针对性、有计划、科学性地推动这一战略的实施，是当前亟待解决的问题。而目前针对西北旱区乡村类型、旱地农业发展水平及其绿色发展的战略需求所依据的顶层规划方案缺失，不同生态类型区的乡村绿色发展计划怎么实施、农业产业的绿色发展途径怎么实现，并不清楚。

4. 绿色发展的监督考评机制尚未建立

作为一项长期的国家战略，乡村振兴战略实施的进展、绿色化程度，各级政府机关、乡村管理机构、村民和产业都有其肩负的职责。制定科学的绩效考评标准和考评机制，监督、推进绿色化背景下乡村振兴战略的实施，是保障乡村振兴战略顺利实施的关键。目前来说，从政府组织机构和相关政策方面，缺乏因地制宜的旱区乡村绿色发展绩效评价机制，无法从制度上、政策和机构上保障这一战略的顺利实施。

二、西北旱区乡村振兴战略绿色发展的思路

针对西北旱区乡村自然聚落、分布状况、地域、资源生态、产业结构、生产水平、文化民俗等特征，首先调查不同生态类型区乡村的类型、产业发展水平、绿色发展的制约因素，构建基于自然地理、社会经济、文化习俗和生产方式方面的分类指标体系，开展西北旱区乡村和产业发展科学分类和绿色发展程度评价工作，完成西北旱区乡村(旱地农业产业)绿色发展分区方案，制定乡村振兴绿色发展顶层规划设计，聚焦旱区乡村绿色发展科学问题、技术瓶颈，完善旱区乡村绿色发展的绩效评价与保障机制，为旱区乡村振兴战略及旱地农业的绿色发展提供科学的方案。

三、乡村振兴战略绿色发展亟待解决的科学问题及关键技术

根据乡村振兴战略绿色发展的思路，从乡村振兴绿色发展的顶层规划设计及乡村绿色发展的科学与技术层面，提出了西北旱区乡村振兴战略绿色发展的系列科学与技术问题。

1. 乡村绿色发展的顶层规划设计

(1)乡村类型调查、分类指标体系构建与类型划分。

(2)乡村(乡村产业)绿色发展障碍因素调查、绿色程度评价指标体系构建及绿色发展度评价。

(3)乡村及乡村产业绿色发展分区方案。

(4)不同生态类型区乡村振兴绿色发展顶层规划设计方案。

(5)乡村绿色发展的绩效考评及保障机制研究。

2. 乡村社区绿色发展的科学问题与关键问题(13个问题与技术)

(1)农村人居以及一二三产业废弃物绿色循环利用机制。

(2)不同生态类型区乡村非点源污染类型及污染负荷防控措施研究。

(3)沼气在旱区乡村绿色发展的模式创新与技术升级研究。

(4)种、养殖业区域不均衡布局导致的非点源污染防控与绿色循环利用途径研究。

(5)不同生态类型区秸秆直接还田循环利用作物－土壤－气候生态效应的研究。

(6)秸秆还田保护性轮耕简化技术模式与配套装备研究。

(7)土壤水库健康维护与农业产业绿色发展研究。

(8)抗旱减蚀型农作制与食物安全预警机制构建及绿色防控技术。

(9)农作物生境地膜残留本地调查与残膜污染机制与调控技术。

(10)西北旱区粮－果－畜产业间高效循环模式创新及关键技术集成与示范。

(11)黄土高原、青藏高原、甘新绿洲低碳农作技术研究与绿色生产规范和标准。

(12)西北旱区主要粮食作物与中亚地区作物布局的统筹规划。

(13)信息技术(互联网＋)在旱地农业绿色发展中的应用。

四、乡村振兴规划编制中绿色发展战略的措施

在乡村振兴规划编制过程,尤其在产业振兴和生态振兴中,如何贯彻国家绿色发展战略,实现产业绿色化、环境整洁化的生态治理目标是关键。因此,在乡村振兴规划编制中,绿色发展战略的贯彻,建议从以下几方面开展。

1. 构建县、乡(镇)、村、户多级绿色发展的管理、监督与考核机制

规划方案编制过程中,要明确提出构建以县级资源环保部门为中心,成立县级层面乡村振兴绿色发展管理与考核机构。明确县、乡镇、村、户不同层面在贯彻乡村振兴战略绿色发展中的职能。县级层面要制订乡村产业振兴、生态治理的实施、考核、监督方案,开展绿色发展监督,督查的方案执行情况;乡镇一级组织辖区各个村子开展产业层面、生态治理层面和村庄环境整治层面的基础设施建设、措施落实等工作,监督和指导各个村子绿色生产方案的实施;村级层面组织本村居民在农业生产过程中严格按照乡村绿色发展要求,培训村民绿色生产、生态保护和垃圾分类整理等方面的技术,监督各户开展对绿色生产政策的执行;农户层面上,要主动接受绿色生产的各项技术、模式和对自家生产、生活垃圾的分类整理。

2. 提出乡村绿色发展模式、技术和规范

在规划编制过程中,针对规划编制区域的产业、生态保护和乡村类型,明确提出适宜规划区种植业、养殖业和农产品加工业等基于产业绿色发展的模式、技术和规范;针对规划区山水林田湖草需要保护的要求,明确提出生态保护的模式、技术和规范,实现区域的绿色持续发展;在村庄整治方面,根据生态宜居乡村的建设要求和目标,以及居民生活和生产垃圾等资源化利用要求,提出村庄整治方面绿色发展的模式、技术和规范。

3. 制定乡村振兴过程中绿色发展的计划

在规划编制过程中,建议乡村绿色发展中基础设施建设行动计划或工程的设计,应结合国家、省市战略,提出区域绿色发展行动计划和工程项目,如针对污染土壤的修复、退化耕地的恢复、污染水体的治理、退耕还林等,提出乡村振兴基础设施投入与建设方案,争取国家和地方资金的投入。

第四节　乡村振兴中粮食安全问题

粮食安全是一个全球性的问题,也是一个永恒的话题。粮食安全与

国防安全并重，同为国家安全的核心。习近平总书记强调的“中国人的饭碗任何时候都要牢牢端在自己手上”“我们的饭碗应该主要装中国粮”等，就是我国政府对本国粮食安全的权威论述。在粮食供给市场全球化重大背景下，农业生产的水、土资源问题日渐突出，供给侧结构性改革迫切，居民生活水平提升，农业劳动力短缺与土地经营模式转变等问题突出的背景下，如何确保将饭碗牢牢地掌握在自己的手里、如何让老百姓吃的健康、如何让我们的生态环境更加安全，在新时代，乡村振兴战略实施的重大背景下，树立新型粮食安全观、构建新型粮食安全预警体系、建设新型粮食安全战略储备制度和保障体制，对促进中国粮食安全具有十分重要的战略意义。

一、粮食安全问题分析

作为世界上人口最多的发展中国家，改革开放以来中国经济快速发展，居民收入不断增加，至20世纪80年代中期，已基本解决了居民温饱问题。膳食结构开始向小康水平过渡，主要表现为直接消费的口粮数量明显减少，而动物性食品消费量明显增加。21世纪初期是中国经济发展与城镇化的关键阶段，至2020年中国要实现全面小康社会，2030年要达到中等发达国家水平。2015年中国城镇化率为56.1%，正处于城镇化率30%～70%的加速发展中期阶段，预计2030年达65%左右。这意味着中国人均收入与消费水平将明显提升，膳食结构会明显改善。

口粮消费虽然在2014年和2015年有所增加，但整体呈下降趋势。水果缓慢增加，而蔬菜消费缓慢降低；总体上动物性食品消费有显著增加。由此预测，至2030年，中国口粮消费量将持续减少，但减少速度会逐步放缓，尤其是城镇居民，原粮消费会维持在年人均105 kg左右的水平上，农村居民口粮的消费水平将达到年人均120 kg左右，全国居民平均水平将下降到年人均110.3 kg。禽类、水产品、奶类的消费品将会明显增长，牛羊肉的增长比例也在50%以上。2030年中国居民人均粮食消费量会达到386.5 kg，较2012年增长18.0%[①]。如果纳入工业用粮、损失浪

①辛良杰，王佳月，王立新．基于居民膳食结构演变的中国粮食需求量研究[J]．资源科学，2015,37(07):1347－1356.

费用粮、种子用粮，2030 年中国居民人均粮食需求将会超过 517.3 kg[①]，如果再纳入政策性收购量与出口量，那么 2030 年中国居民人均粮食需求总量为 551.4 kg。

由此可见，中国粮食人均消费量与总消费量的增长趋势还将持续较长的一段时间，而且粮食消费重心将随着饮食结构的变化转向饲料用粮，这必然要求在提高农田整体产出能力的基础上，将农业生产结构向畜牧业生产倾斜；同时粮食与食用油的大额进口量可能也会在相应时期内维持甚至增长，尤其是大豆与玉米等饲料粮的进口，这也将会对国际市场产生较大的影响。

我国粮食安全风险，主要来自两个方面：一是全球气候变化、自然灾害、耕地质量、人口增加、居民生活水平提高等方面的客观现实风险；二是城镇化、农业的比较经济效益和小农户为主的粮食生产体系，是粮食安全的潜在风险。因此，在乡村振兴过程，如何解决这些问题，既保障农户的经济利益，又保障国家粮食安全的战略，是面临的重大挑战。

二、乡村振兴战略中的粮食安全保障途径

乡村是实现“藏粮于地，藏粮于民，藏粮于技”粮食安全战略的主战场。根据西北农林科技大学 2018 年对中国西北乡村生产服务功能的调查，70%以上的乡村主要服务功能以粮食、果蔬、特种作物种植和动物饲养等食物生产为主。但由于农业生产的比较经济效益低以及农业生产水平低、受到长期的去农化思想和教育的影响、农村生活环境差等诸多因素的影响，地方政府借产业振兴追求经济效益，而进行去粮化为目标的种植业结构调整的风险增大。因此，在乡村振兴过程中，要警惕地方政府和参与企业借乡村产业振兴弱化粮食生产功能，警惕粮食主产区粮食生产功能的弱化，警惕非粮食主产区粮食生产功能退化。如何在乡村产业振兴的过程中，构建新型的粮食生产体系，是保障国家粮食安全战略的重要任务。

目前，在各地区乡村振兴的规划编制和相关政策中，均提出产业振兴

---

①辛良杰，王佳月，王立新. 基于居民膳食结构演变的中国粮食需求量研究[J]. 资源科学，2015，37(07)：1347－1356.

是乡村振兴的重点。但是，粮食种植作为传统的农业产业，在乡村居民收益中所占份额比较小，如何将国家粮食安全战略与乡村振兴中小农户的收益有机地结合起来，增加食物生产产业在乡村居民收益中的比例，是达到国家粮食安全的要求的重要保障。

1. 基本思路

在宏观战略层面上，强化各级政府领导人员粮食安全战略观，树立粮食安全是国家基本安全的战略观点，将粮食安全战略观置于国家基本安全战略的核心地位；预判国家食物供需结构及产需空间特征，明确国土空间粮食生产管控区划，分层制订国家粮食安全战略规划，将小麦、水稻等口粮安全置于国家粮食安全的核心和基础地位，必须保障自给；构建玉米、油菜、棉花等非口粮粮食安全的多元保障机制和途径。在中观层面上，加大农田改造、水利设施、灌溉、田间生产道路等粮食生产能力基础设施投入，提高粮食生产能力和生产水平；延长粮食产业体系，提高粮食产业的附加值，增加农业在村民收入份额中的比例。在微观层面，明确乡村服务粮食功能，强化基于乡村为基本单元的粮食安全生产体系，真正实现藏粮于民的战略措施。

2. 实现途径

首先，构建国家食物供需监测预警云计算平台及区域监测中心体系。整合京东、阿里等国内电商平台的食物供给和消费购买信息，利用大数据技术，在全国不同生态类型区布置实时监测中心，构建生产—流通—市场—消费等环节国家食物供需云数据平台体系，实时监测全国不同生态类型区粮食、肉奶蛋禽产品实时生产供给结构、能力；监测一二三四线城市、小城镇、乡村农户不同层面食物需求结构和购买能力，分析供需关系，及时将市场和社会需求信息反馈给生产环节；适时调整小麦、水稻等粮棉油种植业结构、肉奶蛋禽等养殖业品种结构、规模和质量，在线监控食物供需状况，为食物安全决策提供信息基础。

其次，制订国土空间食物生产功能及消费分区规划。在国家宏观战略层面上，利用供需基础信息数据，进一步明确国土空间粮、棉、油、肉、奶、蛋、禽粮食生产功能和区域消费水平及消费结构，分析粮食生产功能和消费结构的国土空间特征，加强产需区域空间融合的食物生产布局理念，编制食物生产功能为基础食物需求空间方案，进而在乡村产业振兴过程中，强化省、市层面制订基于国土空间控制的食物生产空间布局规划方案，防止基层片面追求经济效益，弱化食物生产功能；同时，修订“基本农田”建设方案，进一步明确基本农田中，哪些地块是粮食生产区、哪些可以种植非粮食作物，在国土空间上严格保障小麦、水稻口粮作物的布局和种植面积。

第三，设立“藏粮于技”的支撑能力建设专项。利用云计算，科学预判未来30年制约中国食物安全领域的“天—地—生—人”系统性重大基础科学问题，动植物营养功能融合、生物信息与人工智能融合等领域基础性与颠覆性技术、功能性食物新品种选育突破的前瞻性研究专项布局；开展生物技术、信息技术、装备技术、耕作栽培技术等在新品种选育、栽培和农业智慧化管理等方面能力建设；构建支持食物安全领域的科研队伍、国家试验室、平台野外基地和研发资金投入机制等多维食物安全能力保障体系；加大在食物领域的人员培养、品种育种、绿色生产技术、平台、站点和野外基地的能力建设，实现“藏粮于技”的战略目标。

第四，实施“藏粮于地”生产能力提升行动计划。根据粮食供需信息，在粮食主产区、非粮食主产区和生态保护区等区域，根据在国家粮食战略中的地位，以及区域土地质量状况，制订国土管控空间上轮作休耕、地力恢复和退化土壤修复等行动计划，保障耕地粮食生产能力建设，实现基于乡村层面上“藏粮于地”的战略目标。

第五，开展新型经营主体培育行动计划，实现“藏粮于民”战略目标。在乡村振兴的战略指引下，培养新型职业农民为主体的粮食生产主力军，发展以生态农庄、家庭农场为主的适度规模经营模式，加强新型经营主体从事粮食生产的政策引导、技术支持和资金补贴，强化农业新型经营主体粮食生产能力建设，构建以新型职业农民为主的粮食生产主力军，实现“藏粮于民”的战略目标。

三、保障措施

1. 加强粮食安全战略观教育

第一，针对粮食安全国家重视，基层地方重视不够的现象，启动政府各级官员粮食安全战略意识教育工程。在干部培训过程中，加强各级地方政府官员的粮食安全观教育课程和讲座。同时，将粮食安全观教育放在干部任期考核的关键指标中。

第二，开展全民粮食安全观和安全意识的教育行动计划，编制各种形式的粮食安全宣传视频、图画，通过宣传画、电视、网络媒体等形式，在全社会开展中国传统农本思想宣传和教育，逐步消除长期去农化思想对农业的影响，营造全社会知农、事农和敬农的社会氛围，让粮食安全教育与国防安全教育一样，深入百姓，入脑入心。

第三，开展粮食安全相关的通识教育。除了在农业大学之外，应在全国大、中、小学开展中国传统农本通识教育课程，组织专家编写适宜于幼儿、小学、中学和大学通识教育的教材，从一粒米、一餐饭开始，从幼儿教育开始，在学生中普及知农、爱农、敬农教育，改变传统去农化思潮。

第四，设立高等农业院校粮食安全能力提升建设专项，提高农业大学在国家教育体系中的地位及保障粮食安全支撑能力建设，并将支撑国家粮食安全战略服务功能作为全国农业大学学科评估、人才培养考核评价体系的核心，防止农业大学片面追求 SCI 文章，而弱化本身服务国家粮食战略的功能和定位。

2. 启动国土空间粮食生产管控规划专项计划

利用乡村振兴战略中村镇空间重构行动计划，加强国土空间规划中对口粮、非粮食作物生产的空间布局。构建全国口粮田、非口粮田地理空间数据库，利用北斗卫星进行实时监控，以法律的形式确定下来，从国土空间上严格控制食物生产的耕地资源保障。

3. 启动粮食生产能力基础设施建设专项支持计划

根据乡村产业振兴的需要，加强对粮食主产区、生态保护功能区等不同生态类型区基本农田水利、道路、灌溉、灾害预防、减灾、土地修复、梯田建设、防护林网等保障粮食生产能力的基础设施建设的投入，设立国家基本农田建设专项经费，将基本农田基础设施能力建设、轮作休耕补贴、盐碱化整治、重金属污染等修复资金纳入到国家基本良田建设专项资金。

4. 分级制订国家粮食安全战略规划

按照新时代新型粮食安全战略，构建口粮完全自给、非口粮食物多元供给的指导思想，分级制订中国粮食安全战略规划，从粮田规模、布局、基础设施建设、生产组织模式、生产能力、产业体系、科技保障等全方位角度，制订粮食安全战略规划。明确粮食主产区、生态保护区等不同国土空间在粮食安全战略中承担的国家义务、责任及其在粮食安全中的功能。

5.制定乡村振兴粮食生产服务功能强化的监督政策

在乡村振兴战略中，县域层面规划布局粮食生产区，乡镇和村庄层面强化乡村为单元的粮食生产服务功能。尤其是粮食主产区和非粮食主产区的以粮食为主导型乡村类型，在乡村振兴过程中，严防为了追求经济效益，开展去粮化产业结构调整规划，省市层面严格审查各级乡村振兴规划中对粮食生产服务功能的规划和设计，杜绝借乡村产业振兴之名弱化乡村的粮食生产服务功能。

6.在乡村振兴规划方案编制中统筹粮食安全与国家战略

在乡村振兴规划方案编制过程中，强化粮食主产区和非粮食主产区粮食安全战略的国家意志，必须严格规范基本粮田保护制度下的粮食生产面积和生产能力建设，在保障粮食安全的前提下设计和规划乡村产业振兴，而不能在乡村振兴过程中弱化粮食生产功能。

下篇

乡村振兴规划案例

XX 市乡村振兴试点镇村规划

XX 县 XX 镇(2018—2022 年)

前 言

乡村是中华民族传统文明的发源地,在经济社会发展中一直占有重要地位。中华人民共和国成立以来,无论是改革开放前还是改革开放后,整个经济发展的重心都是城市和工业,而乡村和农业为此做出了巨大贡献和牺牲。虽然在这一过程中,农村也发生了翻天覆地的变化,但农村仍然面临着农业生产方式粗放,农业供给侧结构性矛盾尤为突出,农村基础设施建设落后,公共服务水平低下,农民持续增收的动力不足等不同程度的发展制约。

鉴于这样的发展背景,党的"十九大报告"中首次提出了"乡村振兴"。2018 年中央一号文件出台了关于《中共中央、国务院关于实施乡村振兴战略的意见》,提出了"产业兴旺、生态宜居、乡风文明、治理有效、生活富裕"的 20 字方针。2018 年 3 月国务院总理在作政府工作报告时指出要大力实施乡村振兴战略。2018 年 5 月中共中央政治局召开会议,审议《国家乡村振兴战略规划(2018—2022 年)》,并于 9 月印发了中共中央、国务院《乡村振兴战略规划(2018—2022 年)》,明确了乡村振兴发展目标,即 2020 年乡村振兴取得重要进展,制度框架和政策体系基本形成;2035 年乡村振兴取得决定性进展,农业农村现代化基本实现;到 2050 年乡村全面振兴,农业强、农村美、农民富全面实现。9 月 21 日,中共中央政治局就实施乡村振兴战略进行第八次集体学习,再次强调乡村振兴战略是党的十九大提出的一项重大战略,是关系全面建设社会主义现代化国家的全局性、历史性任务,是新时代"三农"工作总抓手。这一乡村战略的总要求已然是农业农村发展到新阶段设定的新目标,而且提出了更高的发展要求。

中共XX市委、市人民政府印发《关于实施乡村振兴战略加强新时代三农工作的意见》，全面启动实施乡村振兴战略，列出任务图、时间表，着力实施“八大行动”，推动“七项改革”，强化“四个保障”，为“三农”加快发展、乡村全面振兴打造新的“助推器”和“加速器”。

2018年5月，XX市政府第6次常务会审议通过了“XX市振兴乡村产业服务有限公司组建方案”。该公司的组建，是创新推进全市乡村振兴战略，以新理念、新举措、新动能服务XX乡村振兴的具体举措，对于引领全市脱贫攻坚高质量发展，服务XX乡村振兴，推动全市农业提质增效、农村文明进步、农民增收致富具有重要的现实意义和深远的历史意义。

通过竞争性谈判与镇村选择的方式，XXX公司有幸参与试点镇村的规划编制工作。2018年11月12日至11月19日，XXXX农发展有限公司和XXXX大学专家团对拟规划的镇村进行走访对接，查看地形地貌，并提交了需要整理和准备的资料提纲。

2018年11月23日至11月28日，XXX公司和XXXX大学专家团一行17人对拟规划的镇村进行实地走访、调研和座谈，并收集了第一手的资料。2018年12月15日至2019年1月23日，XXX公司根据资料储备和现实需要，又对各试点镇村的镇村班子、村民群众进行了有偿问卷，共收回纸质有效问卷1735份（其中各试点村问卷人数占全村户籍人口比10％—30％覆盖全村各组；三试点镇问卷人数占全镇户籍人口比3％—5％，覆盖全镇各村）。2018年12月4日至2019年2月22日之间，在XXXX大学与XXX公司进行了多次规划大纲和规划思路、产业布局、三生管控的讨论会议。

根据XX市人民政府相关精神指示，提出以产业兴旺作为规划重点，强调规划深度，起到多规合一的功能，要求规划具有可执行度和切实度，真正为当地村镇提供发展指南与方向引领。

XX县XX镇作为XX市乡村振兴试点镇，具有独特的产业优势和社会条件，是以高山富硒茶为主导产业，以魔芋、中药材、特色养殖为辅助产业的集文旅观光、农事体验、休闲康养于一体的XX市山地田园综合体样板镇的基础前提，特编制《XX市乡村振兴试点镇规划—XX镇》。

第一章 总 则

1.1 指导思想

以党的十九大精神和贯彻落实乡村振兴战略20字总要求为指导，“五大振兴”为总体布局，紧密结合XX市提出的“一村一品、一镇一业”的产业发展布局，按照XX镇“以茶促旅、茶旅融合、产镇结合”的发展思路，全面做大做强“茶叶、魔芋、中药材、特色养殖”等主导产业，稳步推进特色农产品优势区建设、打造乡村旅游示范区，促进农业规模化、标准化、集约化生产经营，推动农村一二三产业融合发展；以产业发展为契机，扎实开展农村“三变”改革，盘活农村三资（资源、资产、资金），激活农民三权，推进农业增效、农民增收和农村集体经济增值；坚持绿色发展，通过培育农业品牌、增强科技创新、强化城乡融合，补齐农业发展短板，促进农村产业集聚，增进乡村振兴的恒久生命力。

1.2 规划原则

1.2.1 坚持统筹发展原则

坚持把发展现代农业与推进农村城镇化和城乡统筹发展结合起来，按照循环经济、生态农业原理，建立健全城乡融合发展机制，推动乡村振兴与新型工业化、城镇化有机结合，形成融合发展的新型工农城乡关系。制定城乡融合、一体设计、多规合一的总体规划，统筹推进产业发展、人口布局、公共服务、土地利用、生态保护。

1.2.2 坚持因地制宜、突出特色原则

规划区要根据各镇村特有资源本底值和发展优势，因地制宜，找准着力点和突破口，进行科学规划，统一实施。在此基础上，有针对性地运用新技术、新理念、新方法进行试验、示范和推广，并注重与本区域现有条件

与特色相结合。按“一村一品、一镇一业”的要求，打造无公害、富硒、绿色和有机品牌。提高农产品档次和质量，实现农业经济与现代科技的有机结合，提升农产品竞争力。

1.2.3 坚持生态优先、绿色发展原则

XX县属“国家级生态保护与建设示范区”和“南水北调”中线工程重要水源涵养区相近。因此在XX县XX产业结构发展和升级中，要做好顶层设计，坚持绿色、低碳、循环发展，有度有序利用资源，加快形成节约能源资源和保护生态环境的空间格局、产业结构、生产方式和消费模式，稳步推进镇村清洁家园、清洁田园、清洁水源建设。

1.2.4 坚持开放开发，协调共享原则

XX县XX镇要抓住XX市构建“一带一路”和长江经济带机遇，利用县内、县外两个市场和两种资源，融入区域经济一体化，推进区域合作，高水平引进来，高品质走出去，建设陕川渝跨境开放合作经济示范县镇。同时在发展中要注重区域发展的整体性、系统性、普惠性，加快形成经济社会、城乡区域、物质精神协调发展的新格局，不断提升公共服务共建能力和共享水平，使区域农民拥有更多的获得感。

1.3 规划依据

《中华人民共和国城乡规划法》
《中华人民共和国土地管理法》
《中华人民共和国环境保护法》
《中华人民共和国国民经济和社会发展第十三个五年规划纲要》
《国务院办公厅关于推进农村一二三产业融合发展的指导意见》
《中国生态文化发展纲要(2016—2020年)》
《决胜全面建成小康社会夺取新时代中国特色社会主义伟大胜利》
《中共中央、国务院关于实施乡村振兴战略的意见》
《中共中央、国务院乡村振兴战略规划(2018—2022年)》
《农业农村部乡村振兴科技支撑行动实施方案》
《中共陕西省委陕西省人民政府关于实施乡村振兴战略的实施意见》
《陕西省乡村振兴战略实施规划(2018－2022年)》征求意见稿
《陕西省乡村振兴科技创新行动计划(2018—2022年)》

《XX 市乡村振兴战略实施规划》

《XX 市关于实施乡村振兴战略加强新时代三农工作的意见》

《XX 市国民经济和社会发展第十三个五年规划纲要》

《XX 县"十三五"规划纲要》

《XX 县关于实施乡村振兴战略推动新时代三农工作新发展的意见》

《XX 县乡村振兴战略实施规划》

《XX 县政府工作报告(2018 年 2 月)》

《XX 县关于印发实施创新驱动战略推动绿色发展决胜脱贫攻坚三年行动计划(2019—2021 年)》的通知

《XX 县中楮河流域乡村旅游发展规划(2015—2024 年)》

《XX 县 XX 镇 2018 年度工作报告》(2019 年 1 月)

《陕西 XX 县城市总体规划(2011—2020 年)》

《XX 全域旅游发展规划(2018—2030 年)》

《陕西省 XX 县 XX 镇总体规划(2013—2020 年)》

《XX 县 XX 镇集镇总体规划(2013—2020 年)》

《XX 县旅游发展总体规划(2007—2021 年)》

第二章　发展条件分析

2.1　问卷调查

2.1.1　住房情况分析

(1)村民集中居住意愿强烈,94%的受访者表示赞成集中居住。

(2)90%的受访村民家庭户均住房面积在 100 m² 以上。

(3)55%的受访村民对目前家庭住房条件较满意,暂无改善住房计划。

(4)20%的受访村民计划对现有房屋进行翻建;10%的受访村民打算到乡镇驻地购买住房;5%的受访村民计划在本村内另建住房;5%的村民计划到县城驻地购买住房;5%的受访村民打算到 XX 市区购买住房。

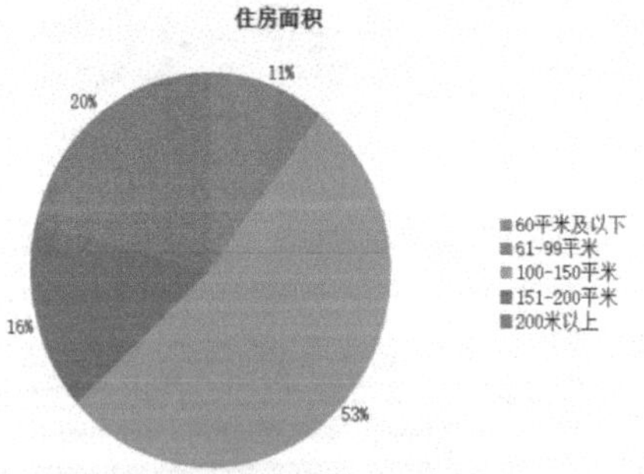

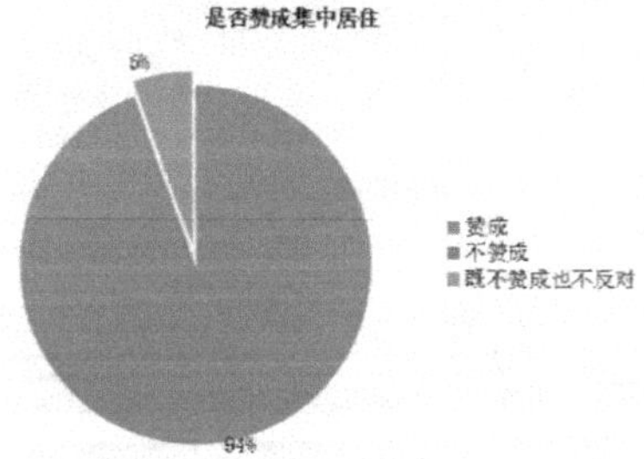

2.1.2　村集体经济调查

(1)63%的受访村民为初中及以上文化程度。

(2)24%的受访者从事农业种养殖活动,18%的受访者处于兼业状态,34%的受访者在本地工厂、企业上班。12%的受访者在本地有稳定的正式工作。

(3)在遇到资金困难时,49%的受访者会向信用社贷款;29%的受访者会向亲戚朋友借钱。21%的受访者无筹款计划。

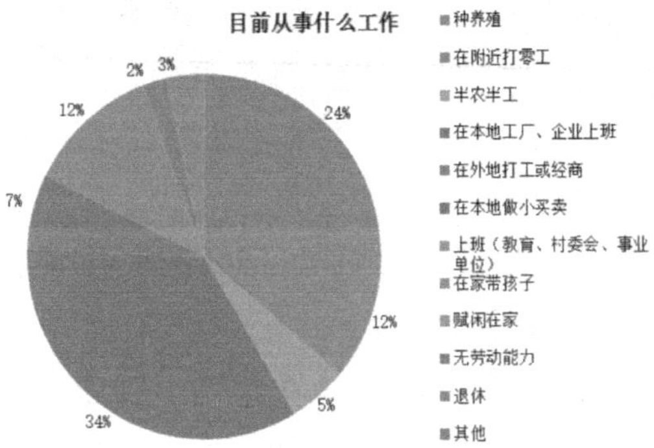
目前从事什么工作
2%
3%
12%
24%
7%
12%
5%
34%
种养殖
在附近打零工
半农半工
在本地工厂、企业上班
在外地打工或经商
在本地做小买卖
上班（教育、村委会、事业单位）
在家带孩子
赋闲在家
无劳动能力
退休
其他

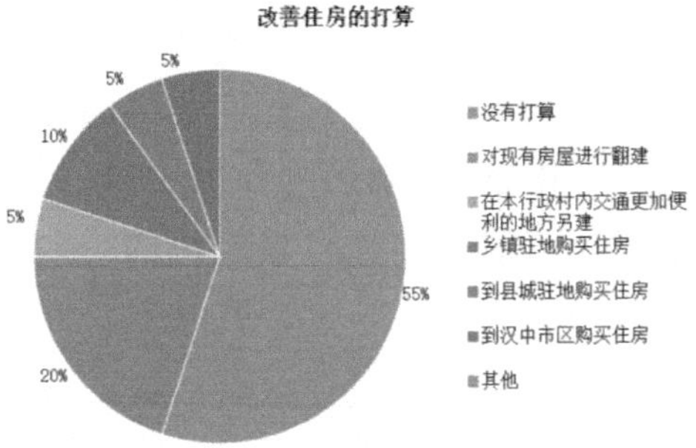
改善住房的打算
5%
5%
10%
5%
55%
20%
没有打算
对现有房屋进行翻建
在本行政村内交通更加便利的地方另建
乡镇驻地购买住房
到县城驻地购买住房
到汉中市区购买住房
其他

2.1.3　乡村环境与风貌

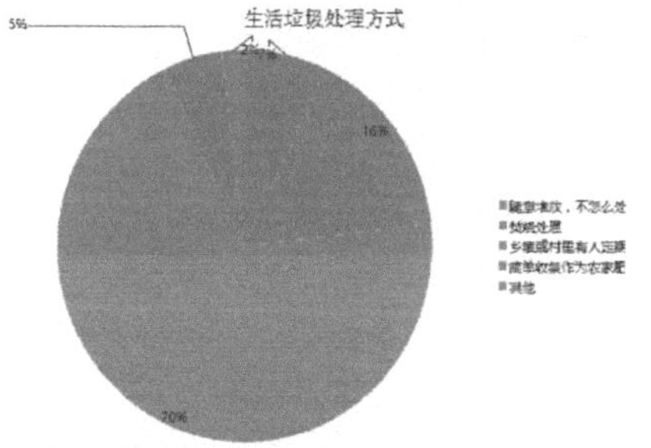
生活垃圾处理方式
5%
16%
70%

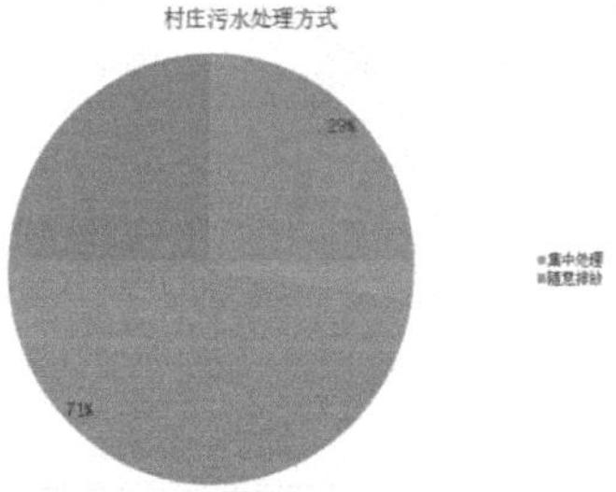
村庄污水处理方式
29%
71%
集中处理
随意排放

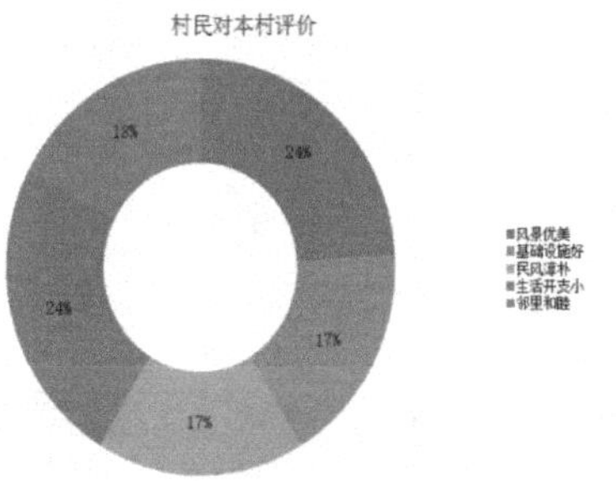
村民对本村评价
18%
24%
24%
17%
17%
风景优美
基础设施好
民风淳朴
生活开支小
邻里和睦

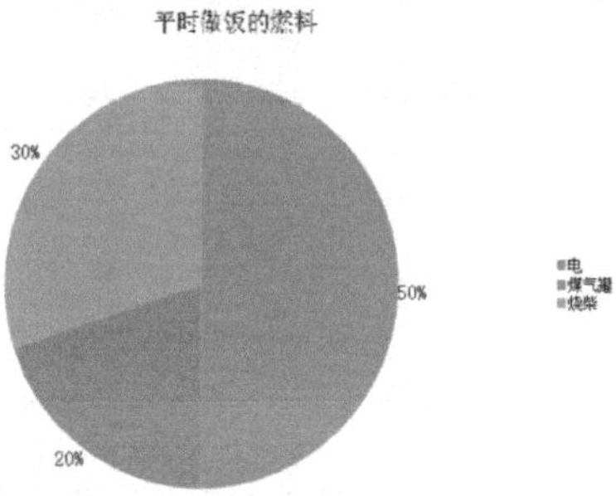
平时做饭的燃料
30%
50%
20%
电
煤气罐
烧柴

(1)70%的受访者表示生活垃圾有乡镇或者村里人定期回收,有16%的受访者表示生活垃圾有焚烧处理的现象。

(2)71%的受访者表示村庄污水未经处理自然排放,29%的受访者表示村庄污水经过集中处理。

50%的受访者表示家里做饭用电,20%的受访者表示家里做饭用煤气罐,30%的受访者家里做饭烧柴。

(3)村民认为本村最吸引人的地方是风景优美和生活开支小,占比都是24%。

2.1.4 乡村传统文化

(1)村民认为本地发展旅游业和农业产业都能带动乡村发展。

(2)村民对本地风俗习惯、村规民约和房屋风格都比较认可。

(3)28%的受访者闲暇时间参加村里组织的一些集体活动,24%的受访者闲暇时间在家看电视。

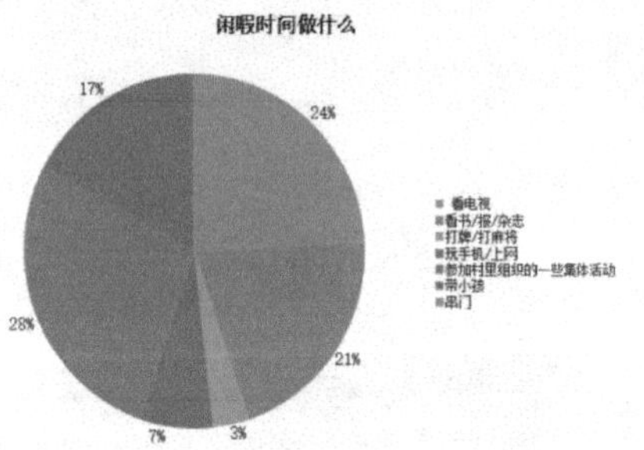

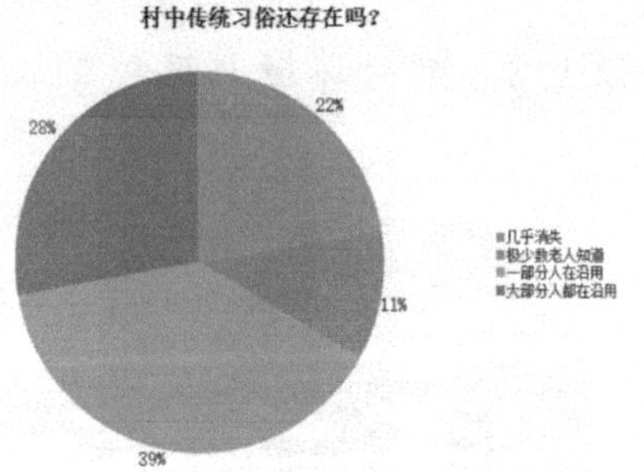

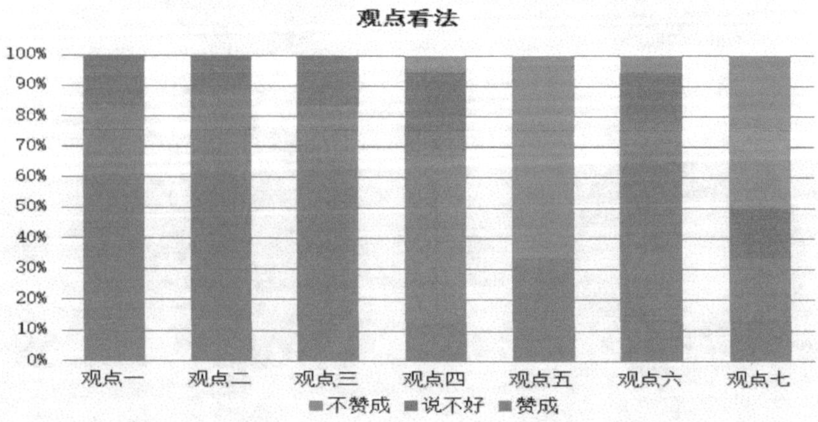

(4)67%的受访者表示传统习俗大部分都在沿用

观点一:通过精准扶贫,到 2020 年,本村贫穷户肯定都能脱贫。

观点二:随着乡村振兴的推进,本村外出务工的人会回村发展。

观点三:本乡镇搞旅游产业可以赚钱。

观点四:本地的风俗习惯是很不错的。

观点五:村规民约没什么作用。

观点六:本地搞农业是有发展前途的

观点七:盖新房,本地传统房屋风格不如欧美风格好看。

2.1.5　乡村基础建设

(1)36%的受访村民表示很少使用文化设施,29%的受访村民从未使用过文化设施。

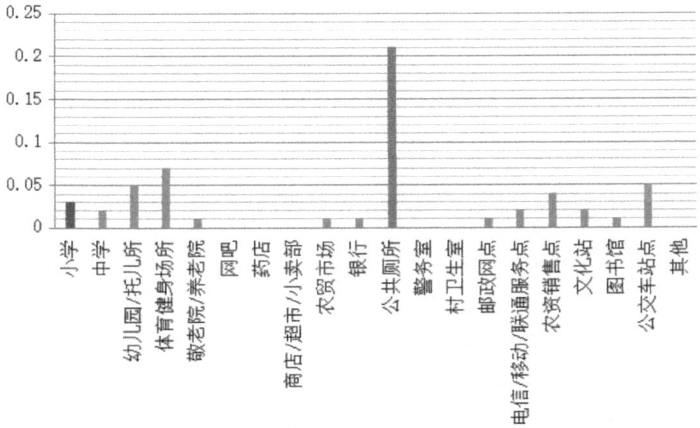

乡村基础设施

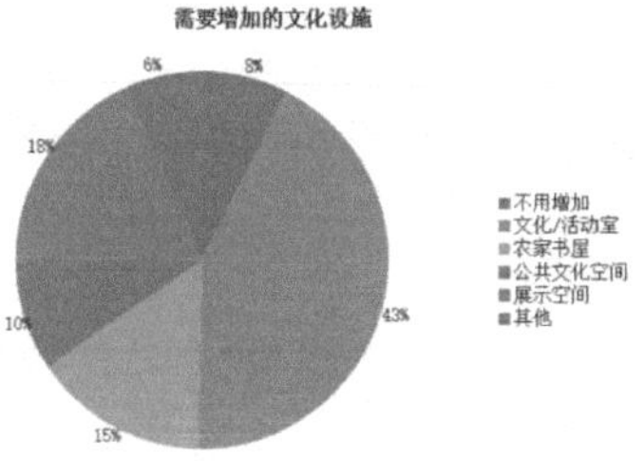

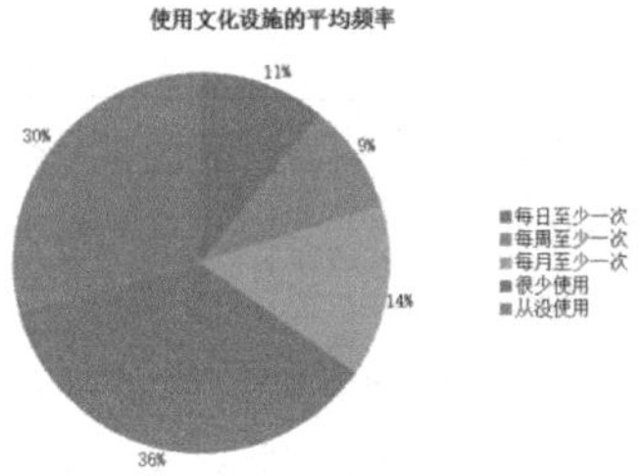

(2)村民认为村庄需要增加的文化设施是文化/活动室。

(3)村民认为最需要增加的公共设施是公共厕所。

2.1.6 村民收入支出

(1)农业收入占总收入的44%,是最主要的收入来源。劳务性收入占30%。

(2)55%的受访者认为农业生产经营中最大的困难是缺少生产技术支持。

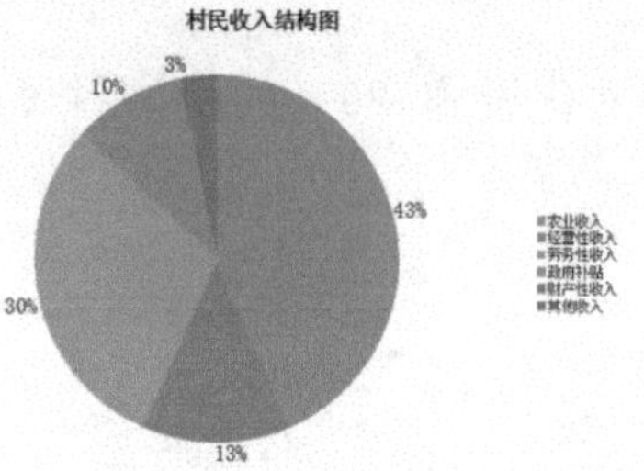

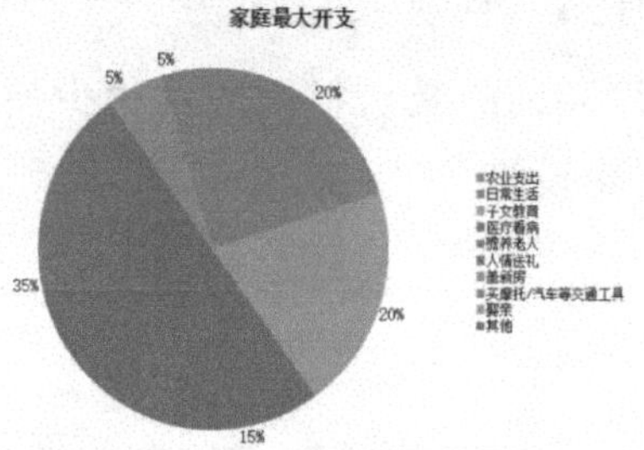

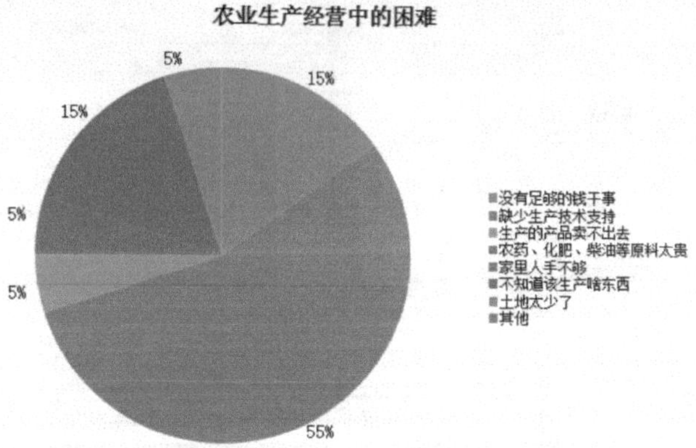

(3)村民认为家庭最大的开支是人情送礼,占比为35%,其次是日常生活和子女教育,各占20%

2.1.7 村民态度意愿

(1)94%的受访者表示参加过村干部选举。

(2)83%的受访者支持村集体收入全部或者大部分留给村集体搞统一经营。

(3)81%的受访者认为过去三年家庭经济变好了，13%的受访者认为过三年家庭经济没什么变化，6%的受访者认为变差了。

(4)37%的受访者认为未来三年家庭收入会变好很多，63%的受访者表示未来三年家庭收入会变好一点。

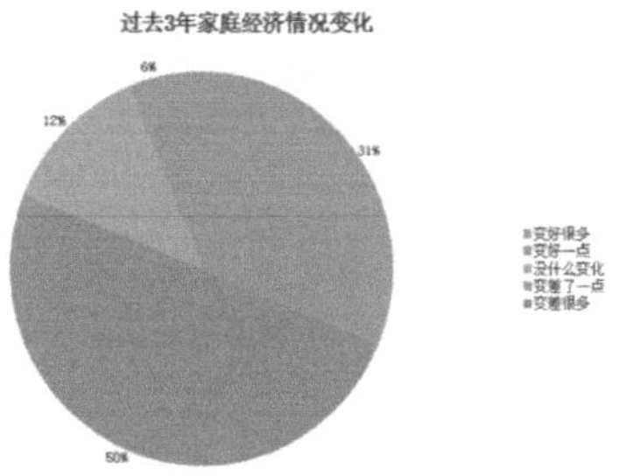

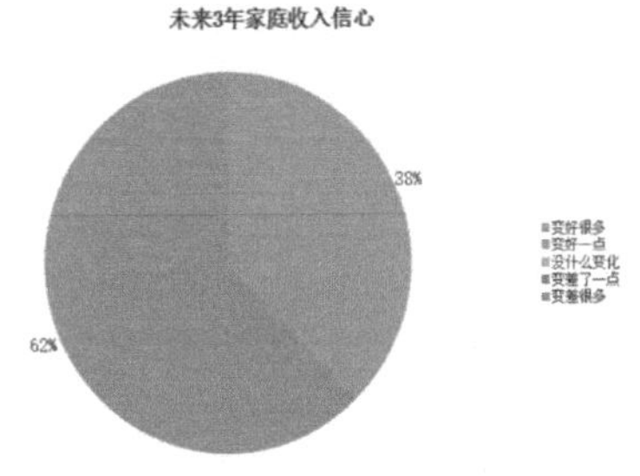

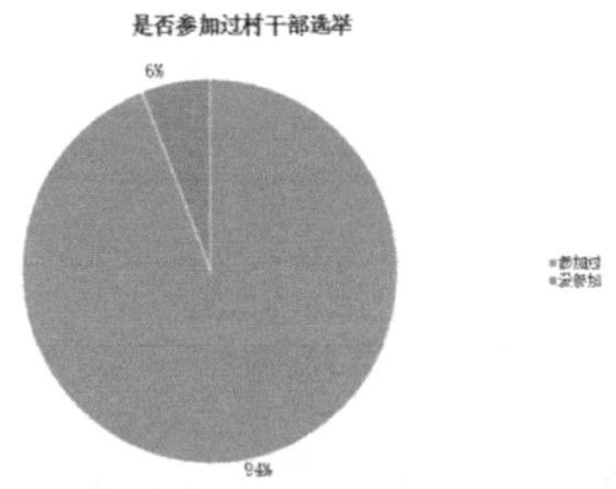

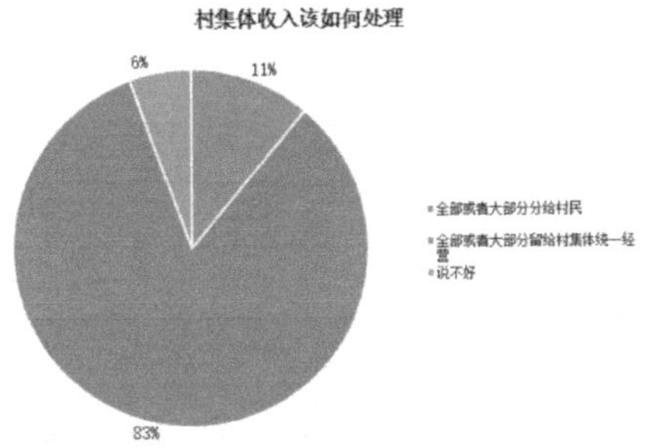

2.2　振兴基础

2.2.1　区位与行政区划条件

XX县XX镇位于县城以东15公里，河中上游，山主峰脚下，全境229平方公里，最高海拔1924米，最低海拔670米。

2.2.2　城镇化分布与人口变化情况

全镇辖10个村1个社区(水田坝社区、茅坪村、青狮村、黄河村、黑水塘村、健全村、火焰溪村、大河村、大深沟村、竹园村、灵济村)，92个村民小组，有人口1.94万人，面积229平方公里。2017年，该镇水田坝社区被评为省级文明社区、市级“魅力社区”。

表1 XX镇2017末各村基本情况表

村名	组数（个）	户数（户）	人口（人）	贫困户（户）	贫困人口（人）	人均纯收入（元）
水田坝	12	996	3295	182	455	13650
黄河	7	386	1272	117	288	8250
青狮	7	318	1187	87	231	9450
健全	8	347	1092	130	317	8020
黑水塘	10	564	2108	156	386	10200
茅坪	13	775	2873	196	427	11600
火焰溪	4	301	1202	115	292	9985
大河	10	461	1724	151	358	9240
大深沟	7	303	1138	113	263	8100
灵济	7	276	1101	116	296	8970
竹园	7	265	909	66	143	8300
合计	92	4992	17901	1429	3456	9615

2.2.3 交通区位现状特征

对外道路共有两条，一是由小洋镇城至巴庙镇的X314，由西向东南沿楮河横穿境内，另一条是由平安镇沿楮河于XX镇青狮与X314相交的X202，对外交通较为方便。210国道南北贯穿镇巴全境，西乡到镇巴的高速公路正在加紧建设中，连接镇巴县城与XX镇的星子山隧道已立项审批，现已开工建设。此外，该镇新建通村水泥路29.8公里，跨楮河公路桥2座，小型桥梁9座。

道路交通条件的改善及通达时间的缩短会极大地提高XX镇与XX县、XX市的粘合度，降低产业输出成本，增加旅游人数，从而促进XX镇的产业升级及发展。

2.2.4 生态环境现状特征与问题

境内山峦起伏，河谷纵横，最高海拔1924米，最低海拔670米，地形西高东低，多矮山谷坝地区，山体植被丰茂，多为高大乔木，生态防护绿地已形成，正在加强环境生态和景观功能。整个林地面积为23.97万亩，认真执行退耕还林还草政策，取得了良好成效。

境内有楮河穿流而过，地势开阔，正常流量 9.27 立方米/秒，其水质清澈，生态环境良好，无污染，河内水产资源比较丰富。集镇生活用水经过污水处理厂达标后排放，水域生态环境保护较好。

耕地资源包括常用耕地和水田，大部分常用耕地种植茶叶、魔芋、玉米等作物，水田面积较小，主要种植水稻、油菜等。

2.2.5　农业资源与生产现状

XX 县 XX 镇属北亚热带湿润季风气候，并具有明显的山地气候特征。气温垂直差异大，湿害严重，降水有明显的地域差异，暴雨、伏旱、秋霖常常造成严重灾害。气候随山区海拔高度的变化，表现出典型的垂直地带性特征，由低向高依次为矮山北亚热带，亚中山暖温带和中山中温带。年平均气温 13.7℃，年平均最高气温 19.5℃，年平均最低气温 9.8℃；年平均降水总量 1274.0 毫米，主要集中在 4—10 月；年平均风速 0.8 米/秒，年最多风向为静风和北西风(C，NNW)。近年来，XX 镇茶园建设按照沿河沿路沿集镇、联片集中、规模发展的思路，着力打造产业发展和乡村旅游一体化的“美丽茶乡、水韵 XX”。现有耕地 3 万亩、林地 23.9 万亩、茶园 1.5 万亩。按照“四个一万”(茶叶、魔芋、中药材种植面积各 1 万亩，土鸡养殖 1 万只)产业发展布局，制定“三乡”产业(茶叶之乡、魔芋之乡、土鸡之乡)发展规划，通过“党支部＋专业合作社＋贫困户”的方式抱团发展，全镇土地流转总量达 8500 余亩，其中贫困户占 34%。农业产业化规模基本形成，规模化种植、集约化种植、循环农业结构初具雏形。境内有茶叶企业 9 家，茶叶年产值 5000 万元，占农业总产值 23%。其中，水田坝社区现有丰产茶园 3500 亩，新建茶叶加工场 3 个，培育示范户 4 户，建设党员示范基地 1 个，组建茶叶产业协会 1 个，茶叶农机协会 1 个，全村茶叶产业不断壮大。同时，正在着力打造 2000 亩观光茶园。

作为陕西省著名商标怡溪春、定元春、裕禾等品牌茶叶，多次荣获金银大奖。1964 年，全省第一块无性系茶园在 XX 县 XX 镇青狮村建成；1984 年，全省第一只新品名茶——“秦巴雾毫”在镇巴研制成功，荣获中国首届食品博览会金鹤杯奖，成为陕西省地方名牌产品；1994 年，陕西第一支红茶“秦巴红茶”研制成功，开创了 XX 乃至全省红茶研制生产先河。通过大力推进茶农庄园、茶里水街、星子山旅游风景区、星子山隧道等重点项目，不断挖掘楮河茶乡文化和星子山地域文化，提高茶文、茶旅融合度。先后获得XX市“最美村镇”、十大“美丽茶乡”等荣誉称号，并成功创建为省级生态镇、省级卫生镇、省级园林城镇和省级交通安全示范镇。

中药材产业因XX镇地理气候与土壤条件的原因，品质优良，为国内知名企业认定药材产地，但目前并未形成高标准的种植与加工产业链。

魔芋产业为XX镇传统种植产业，农民种植基数巨大。目前镇内有魔芋加工企业，初步形成产业链，但仍存在魔芋育种、防害技术能力不足，产品加工能力不足等问题。

养殖业目前基本为农户散养猪、羊、鸡等，分散于各村，没有形成集约化、标准化养殖模式，对水源保护有一定影响，产品知名度低，附加价值低。

2.2.6　乡村旅游资源现状

XX镇以“美丽茶乡、水韵XX”为主题，建成了人与茶文化广场、茶苑广场、茶花广场、民俗广场等9个功能完善的主题广场，28000平方米的人工湖面，集镇道路无缝对接，徽派民居风貌极具特色，茶里水街日渐完善，宜居、宜旅游的集镇景观初具雏形，“县城后花园”的功能日臻完善；以品茶、采茶和制茶体验为主题的观光游基础正在加强，潘家岭茶园农庄正在顺利建设中；不断开发旅游资源，目前已经开始打造星子山以茶为基础的AAAA级景区，旅游区的基础设施建设不断完善，服务水平不断提升；另外，特色民宿也在打造中。

2.2.7　乡村文化资源现状

种茶历史悠久，著名的由川藏进入青藏高原的茶马古道，也从XX镇经过，现在农村还流传着很多动人的马帮和“背老二”的故事。其茶文化，萌芽于晋代、南北朝时期，兴盛于宋代，普及于明清时期。唐代陆羽《茶经》记载，唐代的朝廷即以汉茶赐贡。宋代“汉中买茶，熙河易马”，茶马互市。贡茶史记：古巴国时期的贡茶大概产于今镇巴、西乡一带。当地有“青狮的茶，庙溪的麻，田坝的板石，巴庙的娃”的民谣，可见当地茶叶的历史悠久。20世纪80年代初，陕西省首品创新名茶“秦巴雾毫”在镇巴县研制成功，XX镇成为“秦巴雾毫”的原产地，现改名为“汉中仙毫”，使镇巴茶业迈入新的历史阶段。同时，秦巴民俗文化也颇具特色，如刺绣、剪纸、宣纸、民歌、号子唢呐，传统饮食有蒸盆子、瓤肘子等。

2.2.8　乡村基础与公共服务设施现状

镇区实施了亮化、绿化、美化、净化、硬化等工程，对老街进行了全面改造，对新街进行了集中风貌整治，形成了一街一特色、一片一亮点，新建了滚水坝、栈道、廊桥、水车、观景亭、茶苑广场、计生文化广场和清水广场等；目前，已按照“一河两岸三岭四片”的集镇建设规划，建成了“三广场、四主街、五路口”“两纵两横一环绕”的路网主骨架，特色优势明显、人居环境优美的“样板集镇”已经初步建成。规划的特色民宿正在建设中，移民搬迁安置房的基础建筑已基本完成，一河两岸的规划建筑基本成型。区内宾馆少、档次低，规划区没有游客中心、信息中心，欠缺餐饮服务，其余环卫、标识、讲解等游览服务设施基本空缺，游览设施不健全。

2.2.9　乡村治理现状

先后实施了集镇亮化、绿化、美化、净化等工程，建成广场 9 个、28000

平方米的人工湖面、一河两岸景观带、垃圾处理厂、污水处理厂等项目，对老街进行了全面改造，对新街进行了风貌整治，形成了一街一特色、一片一亮点。获得了“省级先进基层党组织”“市级重点镇”“十大美丽茶乡”等荣誉称号，并成功创建为“省级园林城镇”“省级生态镇”“省级卫生示范镇”“省级交通安全示范镇”和“省级幸福家庭示范镇”。

村民的自我管理、自我服务功能较强。各村基层组织、社会组织和村民个人能够有序参与镇区发展事务，镇政府党组织发挥着领导核心作用；在各村开展突出治安问题专项整治，引导广大农民群众自觉守法用法，用法律维护自身权益。建立基本公共法律服务体系，为农民群众提供优质高效的法律服务。法治建设成效显著，积极引导村民知法、懂法、守法；基层党组织积极在村民中弘扬社会主义核心价值观，增强集体意识、法治精神和民主氛围。注重以文化人、以文养德，引导人们讲道德、守道德。塑造淳朴的民风。

2.3　SWOT分析

2.3.1　优势

(1)具有优越的地理自然条件。素有XX“最美茶乡”美誉的XX镇地处陕西省镇巴县东部,属巴山腹地,属大陆性季风湿润气候,气候温和,雨量充沛,最高海拔1924米,最低海拔750米。境内山峦叠翠,竹林葱郁,溪流潺潺。矿产、生物、水能资源丰富充沛,茶叶、魔芋等区域优势产业特色鲜明,发展强劲,是XX县最大的茶叶、魔芋生产加工基地。茶叶、中药材、魔芋产品的市场前景可观。

(2)茶叶产业基础雄厚,种茶历史悠久。属北亚热带东南季风湿润气候,空气湿度大,多高山云雾,负氧离子含量高,森林覆盖率达68.7%,是秦巴地区茶叶的优生区域。此外,该镇与紫阳处于同一富硒地理带,土壤富硒在0.79～2.74 mg/kg(非常适宜茶树种植,茶叶平均富硒在0.335～1.403mg/kg)。据中国预防医学科学院和第四军医大学等单位测定,镇巴绿茶硒平均含量0.65 mg/kg,最高含量达3.35 mg/kg,高于全国平均水平,又在人体所需安全范围之内。同时经农业部茶叶质量检测中心检测,XX茶叶含氨基酸3.42%,茶多酚25.2%,水浸出物44.11%,咖啡碱4.07%,符合人体微量元素摄入需要,具有特种保健功效。

(3)气候适宜,适宜发展中药材。中药材种植规模较大,所在地属北亚热带湿润季风气候,并具有明显的山地气候特征,气温垂直差异大,同时昼夜温差较大,使得中药材品质高;并且,空气中负氧离子含量较高,且空气湿度较大,多云雾,漫射光多,成就高品质中药材。

(4)魔芋在秦巴山区历史悠久,品质极好;另外,魔芋产业初具规模,并配有专业的加工产房和管理模式。

2.3.2　劣势

(1)距离县城42公里。

(2)交通不发达,出入路线单一,且为盘山公路。

(3)青壮年劳动力欠缺,人口流失严重。

(4)产业缺乏深加工工艺。例如,茶叶产业没有开发茶文化纪念品,没有开发与茶相关的美食、小吃;中药材产业没有形成体系,缺乏产品研发工艺，没有中药文化的传承融入，没有将中医文化融入中药材产业中，没有很好的开发利用中药材产业的潜在市场。

(5)产业核心竞争力不强。产品形式单一，缺乏创新，没有创意。

(6)各产业内合作社众多，缺乏龙头企业。

(7)旅游服务相关设施落后，缺乏必要的旅游产业的硬件，没有形成特色的精品旅游线路。

2.3.3 机遇

(1)乡村旅游热的兴起，造就了乡村旅游资源的开发机遇。

(2)富硒高山茶叶是XX市重点打造的项目，发展潜力巨大。

(3)中药材的开发利用多样化，前景可观；中药文化在我国有几千年的历史，是传统文化的瑰宝之一，蕴含着丰富的哲学思想和人文精神。随着人们健康观念变化和医学模式转变，中药越来越显示出独特优势。

(4)国内外市场对魔芋需求量逐步增加，魔芋价格逐年攀升，魔芋食品主要含有被人们称为“食用纤维”的葡甘露聚糖，具有低热值、低蛋白质、低维生素、高纤维的特点，可以调节人体内营养平衡，降低血液中脂质水平，排除人体内有害金属，有人体“清道夫”的美誉。在医疗上是高血压、肥胖症、糖尿病、便秘、肠癌等消化道疾病患者的首选食品之一。魔芋食品价格便宜、食用方便、吃法多样、简单易学，烧、炒、炖、炸、煮均可，既可单独烹制食用，又可和其他菜肴等混合一起食用，适于各阶层人士享用。开发潜力和市场前景被一致看好。

(5)XX镇是XX县最大的茶叶种植加工大镇，历届镇党委政府都十分重视农业产业发展，一直把做大做强茶产业作为富民强镇的主导产业来抓。

(6)XX县到XX县的高速公路正在加紧建设中，连接XX县城与XX镇的星子山隧道已立项审批，现已开工建设，XX镇作为镇巴县城后花园的局部区位优势凸显。

2.3.4 挑战

(1)乡村旅游热在全国兴起，竞争压力大，旅游品牌打造难度大。

(2)周边村镇的茶叶产业飞速发展，竞争压力大；茶叶工艺的研发需要大量的人力、物力、财力。

(3)对于中药材的多重开发利用欠缺,没有深加工,同时没有形成特色产品,产品研发具有挑战性。

(4)魔芋产业的产业链不完善,缺乏深加工,技术研发工作具有挑战性,同时该产业的发展还面临市场其他同行的竞争。

第三章　规划思路

3.1　上位规划解读

（1）《XX市全域旅游发展总体规划》中将XX市全域旅游总体定位为：以秦蜀古道遗产群和秦巴生物基因库为特征的国际自然旅游目的地。

XX全域旅游空间结构为“一核、两路、六组团”。其中的“两路”之一“秦蜀古道自然旅游之路”则涉及XX县XX镇，要求依托秦岭与巴山丰富的地形地貌、珍稀野生动植物、山地垂直景观带等自然生态资源，以秦蜀古道为脉络，以古道沿线国家自然保护区、国家森林公园、国家AAAA级景区为核心支撑，串联古道沿线自然、生态、文化、乡村等众多资源点，综合开发包括生态徒步、野生动物观赏、遗产旅游、文化研学、户外运动等为主的自然旅游产品体系。

XX镇所在“六组团”中的镇巴苗族民俗旅游组团，则要依托镇巴中国最北苗乡资源，整合山林、乡村等旅游资源，全方位展示苗族的文化生命力，打造陕西文化旅游的新亮点。

（2）《陕西省XX县XX镇总体规划》(2013—2020年)中将XX镇总体定位为以发展生态种植业与养殖业为主、生态观光为辅的生态宜居型小城镇，XX县的后勤补给基地。

总体战略目标为：到2020年，将XX镇建设成为以商贸服务业、农副产品加工业为主，三大产业协调发展，国内生产总值(GDP)达到5亿元，镇区人口达到0.8万人的宜居城镇。

（3）《XX全域旅游发展规划》规划则根据各镇资源及产业情况，将XX镇重点规划成XX茶韵小镇，重点发展旅游业、茶产业，建成XX茶文化旅游度假区。

3.2　发展重点指引

根据上位规划及本镇实际情况，XX镇要充分发挥自己的优势和特长，做精做优高山富硒茶产业，不断壮大乡村旅游产业，持续发展魔芋、中药材产业、林下养殖等特色产业，并通过镇巴县全域旅游的产业带动，积极延长产业链，深度融合一二三产业。在建设生态的同时，充分发掘XX镇楮河文化，结合秦蜀古道自然旅游之路自然景观，建好镇巴县全域旅游重要节点，整合农业、加工业、旅游业现有资源，形成服务系统完善、生态优美、内容丰富、影响力强的综合性乡镇。

3.3 发展方向整合

(1)产业发展。以高山富硒绿茶为主导，魔芋、中药材、生态养殖产业为辅，在保留现有产业的基础上，扩大茶业种植规模。并依托当地较好的自然环境条件，高富氧离子、富硒茶园等，以健康养生市场为导向，将农业种植与大健康产业相结合，形成以茶文化为主的生态观光旅游业，同时大力发展商贸业，带动全镇经济发展

(2)人才发展。人才是乡村振兴的核心力量，针对不同层级的需求，组织培训乡村振兴所需的职业农民、乡村科技服务人员、乡村社区管理人员，满足县乡不同级别管理干部对乡村振兴知识、技能的需求。

(3)文化方面。依托优势高山富硒绿茶产业的发展壮大，发扬传承贡茶文化；依托楮河资源，发掘楮河文化；依托秦巴山区特有风俗民情，开发自身特色的民俗活动与美食。

(4)生态方面。XX镇位于秦巴山区内部，拥有较多的山地资源，将来发展旅游应避免过度开发，保存良好原始风貌。不断加强山水林田湖综合治理，持续推进国土绿化、退耕还林等重大工程，大力发展绿色产业和循环经济，实施生态移民搬迁工程，优化城镇体系和产业布局等，为生态环境保护提供现实基础。

(5)组织发展。基层党组织是实施乡村振兴战略的“主心骨”。以加强农村基层党建为引领，强化农村基层党组织建设，促使农村治理有效，确保实施乡村振兴的正确航向，增强振兴乡村的领导力、凝聚力、推动力、治理力，激发乡村振兴活力。

第四章　发展定位与目标

4.1　发展定位

按照“做美村镇、做强产业”的镇域经济发展思路，通过茶叶产业与乡村旅游融合式发展，做大做强高山生态富硒茶业；提高魔芋、中药材、特色养殖的产业规模与品质，延长产业链，营造特色文化体验环境。集镇带动镇村发展，最终将 XX 镇打造成以高山富硒茶为主导产业，以魔芋、中药材、特色养殖为辅助产业的集文旅观光、农事体验、休闲康养于一体的 XX 市山地田园综合体样板镇。

4.2　发展战略

以 XX 镇最佳生态环境资源优势、高山富硒茶叶品牌优势和悠久的楮河文化资源为基础，以省市级休闲农业与乡村旅游示范县、示范点建设为契机，依托 XX 镇高山生态富硒茶叶融合发展示范园建设项目，利用茶叶、魔芋、中药材等种植基地，山羊、土鸡等特色养殖基地，打造特色种养殖产业景观，形成“一山一美景、一园一风光、一沟一特色”的现代农业园区和参与式生态旅游综合体。通过“怡溪春”“定远春”“裕禾”“巴山君子”等获奖茶叶品牌的推广和整合，形成“龙头企业＋商标(地理标识)＋农户”的经营模式。加快“三品一标”认证步伐，加强现有品牌宣传和保护，扩大生态有机农产品认证和销售。积极发展订单式农事体验园，建设苗乡民俗农庄和茶叶文化体验馆，将农业经济产业链条延伸到产品设计加工、休闲旅游体验等二三产业领域，实现从单一种养向多元加工服务转变，推进三次产业融合发展，实现一二三产融合发展，实现经济效益、社会效益和生态效益的协调发展。产业树立精品意识，统筹推进茶旅一体化。

4.3　发展目标

近期目标：通过三年努力，持续实施十大工程，到 2022 年，乡村振兴取得重大突破，走在省、市前列，打造示范样板，基本实现农业强、农村美、农民富。力争将茶产业打造成促进农业增效、农民增收、农村环境改善的地方支柱性产业。建成茶园 6600 亩、茶叶加工厂 4 座、茶叶储藏流通设施 1 座。XX 镇茶园规模达到 2.1 万亩，茶叶产量达到 4400 吨，茶叶产值达到 5 亿元，税收达到 2100 万元，实现脱贫人数 3460 人。

远期目标：到 2030 年，把 XX 县 XX 镇建设成为茶叶种植、生产加工、销售、研发、旅游观光的产业集群。将 XX 镇打造成为国家级茶产业示范园、国家信息化平台、国家茶叶产业电商平台、国家地理标志，形成四大国家级品牌。最终将 XX 镇打造成以高山富硒茶为主导产业，以魔芋、中药材、特色养殖为辅助产业，集文旅观光、农事体验、休闲康养于一体的 XX 市山地田园综合体样板镇。

4.4　指标体系

到 2020 年，乡村振兴取得重要进展，到 2022 年，乡村振兴取得重大突破，具体指标体系如下所示。

一级指标	序号	主要指标	2020年目标值	2022年目标值	属性
产业兴旺	1	农作物耕种收综合机械化率（%）	65	78	预期性
	2	“三品一标”产地认证面积（%）	30	50	预期性
	3	休闲农业营收收入比（%）	〉20	〉50	预期性
	4	土地适度规模经营比重（%）	50	90	预期性
	5	新型职业农民数占一产就业人数比（%）	10	25	预期性
	6	农业土地产出率（元/亩）	900	1500	预期性
	7	农民合作社入户率%	55	90	约束性
	8	农产品质量安全例行监测总体合格率（%）	85	95	预期性
生态宜居	9	对生活污水进行处理的占比（%）	〉50	〉95	预期性
	10	对生活垃圾进行回收处理的占比（%）	80	95	预期性
	11	农村卫生厕所普及率（%）	73	95	预期性
	12	废弃宅基地整治率（%）	70	95	预期性
	13	秸秆综合利用率（%）	80	95	约束性
	14	畜禽废弃物综合利用率（%）	75	95	约束性
乡风文明	15	村综合性文化服务中心面积/m2	--	--	预期性
	16	乡贤会人数	10	25	预期性
	17	村史馆面积/m2	500	500	预期性
	18	农村地区所在县学前三年毛入园率（%）	95	100	预期性
	19	村级养老入住率%	30	50	预期性
治理有效	20	村庄规划管理覆盖率（%）	80	100	预期性
	21	违法犯罪人数比例（‰）	3	1	约束性
	22	“十星家庭”入户率（%）	30	55	约束性
	23	乡规民约普及率（%）	80	100	预期性
	24	农村居民人均可支配收入增速（%）	5	10	预期性
	25	农村居民恩格尔系数（%）	40	30	预期性
	26	农村居民养老保险覆盖率%	90	100	约束性
	27	农村人均住房面积m2	30	40	预期性

本数据基数根据本地区近三年政府工作报告、规划数据、实地调研后综合权衡估算。

第五章 乡镇体系及空间规划

5.1 乡镇体系规划

(1)村镇的空间布局,以城镇经济发展、交通运输线路规划为基础,结合现有的布局特点,采用“中心聚集、点轴发展”格局。规划以 XX 镇镇区为中心,镇域主干公路为纽带,形成镇区位于镇域中部,中心村、基层村均匀布局的空间结构形态。

(2)一级城镇:XX 镇镇区。

二级中心村:水田坝社区、青狮村、茅坪村、黑水塘村、大河村共 5 个中心村。

三级基层村:黄河村、健全村、火焰溪村、大深沟村、竹园村、灵济村共 6 个基层村。

(3)镇村职能结构。

镇区:全镇行政、经济、文化的综合中心。

中心村:农村居民以集中居住为主,引导农民集中建房。拥有小型商业、邮政代办点、卫生室、村史馆等公共设施,为周围的基层村服务,同时可发展一定量的加工业,要按照产业兴旺、生态宜居、乡风文明、治理有效、生活富裕的要求,推进乡村振兴。

基层村:从事农业或家庭副业生产活动的最基本的行政村,以发展第一产业为主或相关配套服务为主要方向。

5.2 三生空间管控

遵照总规进行适当调整。

表1　乡村聚落空间重构

等级	等级结构	名称	主要职能及发展方向
一	镇区	镇区	为全镇的经济文化中心、行政中心
二	中心村	大河村	农副业生产及生活居住地，周边村的服务中心，移民搬迁社区
		水田坝社区	镇域副中心、周边村的服务中心，移民搬迁社区
		茅坪村	农副业生产及生活居住地，周边村的服务中心，移民搬迁社区
		黑水塘村	农副业生产及生活居住地，周边村的服务中心，移民搬迁社区
		青狮村	农副业生产及生活居住地，、周边村的服务中心，移民搬迁社区
三	基层村	灵济村	农副业生产及生活居住地
		竹园村	农副业生产及生活居住地
		大深沟村	农副业生产及生活居住地
		火焰溪村	农副业生产及生活居住地
		黄河村	农副业生产及生活居住地
		健全村	农副业生产及生活居住地

(1)适宜建设区：主要指镇区，各村居民点和大型基础设施用地，是村镇发展的重点建设区域。主要分布于镇区和村庄建设区域，村镇建设区内应按 XX 市城市规划管理技术规定要求进行开发控制，注意环境治理和生态复建。

(2)限制建设区：指镇区和各村的远景发展建设预留用地及一般农田、经济园地。凡在限制建设区内进行各项开发建设活动都必须提出具体建设标准和资源环境保护措施，经严格审批后方可实施。

(3)禁止建设区：以上两区以外的用地为禁止建设区。禁止建设区在规划期内应保持土地原有用途，在本区域不允许占用基本农田、生态保护区、水源保护区、自然灾害敏感区等进行非农建设。若遇国家重点项目确需征用基本农田时，应经法定程序修改土地利用规划，并报备有关部门审批。

(4)蓝线：指水域保护区，包括河道、水体两侧消落带，水库坝顶及沿坝顶的等高线。镇域内楮河按常年水位线划定蓝线，镇域内水库泄洪通道不小于 8m。蓝线划定范围内禁止不利于河流生态环境保护和维育的人工建设。

(5)绿线：各种绿地（包括各种林地）的边界线，是禁建区界线。镇域内的公共绿地控制线、各类市政设施防护绿化带控制线、沿江防护绿化带控制线划定为绿线。堰大公路两侧按道路红线外 5m 宽控制绿线，镇碾公路两侧按道路红线外 3m 宽控制绿线。楮河库外围按 10m 控制绿线，冲沟两侧按 3m 宽控制绿线。水体两侧绿线为禁建区，在绿线内禁止任何建设活动对环境的破坏。

(6)紫线：XX 镇内无紫线划定保护单位。

(7)黄线：镇域内污水处理厂、水厂、垃圾转运站等基础设施划定黄线。

(8)基本农田保护：遵循“十分珍惜和合理利用每寸土地，切实保护耕地”的基本国策，合理配置乡域空间资源，节约用地、集约用地、保护耕地，确保基本农田数量不减少。

第六章　产业振兴规划

6.1　构建和完善绿色循环农业发展体系

6.1.1　产业体系构建与完善

以绿色生态发展为本，做精做强茶叶产业，大力发展生态中药材产业，不断提高魔芋产业品质，升级特色养殖产业的发展规划，构建立体循环种植体系，扩大产业规模，推进标准化、集约化进程。

走山地康养之路，大力发展观光茶园生态旅游。按照全域旅游的概念，着力提升景区品质、接待服务能力、品牌影响力，完善观光茶园的配套园区，形成全景式打造、全季节体验、全产业发展、全社会参与、全方位服务、全区域管理的全域旅游新格局。

6.1.2　生产水平提升

走标准化、集约化、智能化生产之路。建造标准化生产区，引入新技术，研发新产品，延长产业链，横向和纵深发展相结合，壮大产业。

走低碳绿色之路，大力发展循环模式。凡是污染环境破坏生态的项目，坚决不引进不落地；利用好污水处理厂、垃圾处理厂，规范处理生活污水和废弃物；牢牢树立绿水青山就是金山银山的概念，加强生态保护，发展生态种植。

6.1.3　经营体系构建

走壮大龙头企业和集体经济之路，大力扶持龙头企业和专业合作社。重组小企业或者合作社，整合资源，举全村之力打造龙头企业和专业合作社，引入新的管理模式，定期组织人员赴优秀企业观摩、培训，融入“互联网＋”，发展智慧经营，拓宽销售渠道，打开广阔市场。

6.1.4　标准体系构建

XX镇以特色种养殖产业为名片进行对外宣传推广，引入高标准的，科学的产业生产标准体系，建立“XX 标准”模式，打造“XX 标准”口碑。针对茶叶产业、中药材产业、魔芋产业、特色养殖产业、旅游服务业，制定高标准且规范的种、养、加工、服务标准。并借由县级单位在全市及全省对外推广发布，制造品牌效应，形成区域亮点

6.2 产业空间结构布局

根据区域的资源条件和上位规划，以及分析周边产业、文化、旅游及交通等因素，通过打造精美集镇，产镇融合发展，形成“一心一轴三区多点”的 XX 镇乡村振兴规划布局。

“一心”即中心镇区，以镇区行政、商业、文化、教育等设施为载体打造 XX 镇的公共服务中心。

“一轴”指堰大路(X202)，沿楮河景观通廊贯通全镇主要区域、景观节点的轴线，也是 XX 镇产业发展的动脉。未来，堰大路(X202)将连接已经开始施工的星子山隧道，极大地缩短了 XX 镇到镇巴县的路程，改善了交通条件。

“三区”指 XX 镇北部区域，包含大河村、大深沟村、灵济村、竹园村组成的中药材种植及加工产业为主的中药材产业示范区。

XX 镇中部区域，包含茅坪村、水田坝社区、火焰溪村，黑水塘村组成的以茶叶种植、茶园观光、旅游服务、文化展示为主的田园综合体试验区。

XX 镇南部区域，包含青狮村、建全村，黄河村组成的以种养结合为主的特色养殖区。

“多点”指围绕各区布局的产业示范园及以 XX 山庙、茶里水街、观光茶园、鸡冠石、牛背梁、星子山主峰、神仙洞、黄龙洞、朱家坪风景区等旅游节点。

因全镇主要产业均分布于各个行政村，茶叶、魔芋种植全域皆有，所以本规划布局所分三个产业功能区为后期逐步发展，逐渐形成。

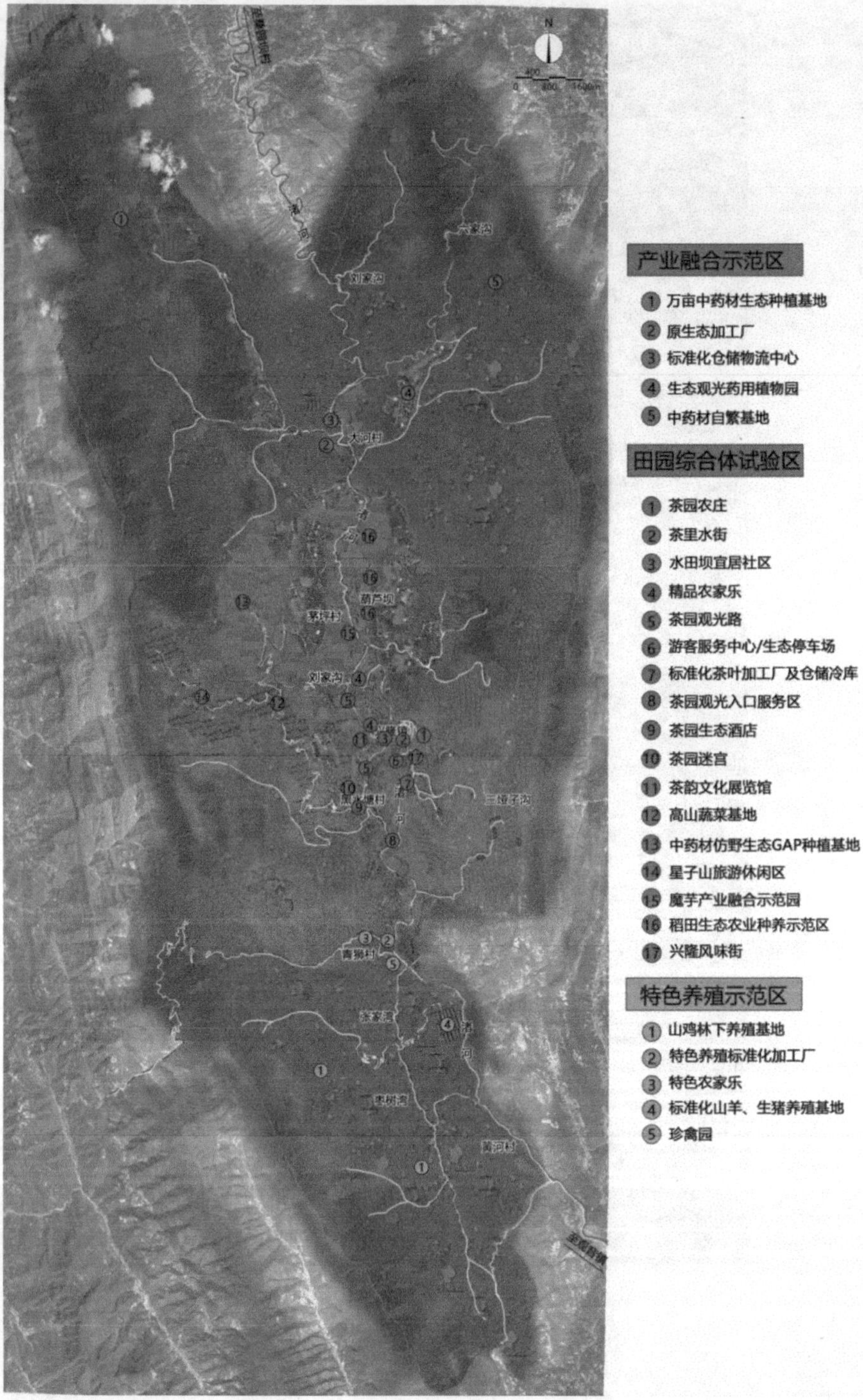
六家沟
刘家沟
大河村
葫芦坝
产业融合示范区
1 万亩中药材生态种植基地
2 原生态加工厂
3 标准化仓储物流中心
4 生态观光药用植物园
5 中药材自繁基地
田园综合体试验区
1 茶园农庄
2 茶里水街
3 水田坝宜居社区
4 精品农家乐
5 茶园观光路
6 游客服务中心/生态停车场
7 标准化茶叶加工厂及仓储冷库
8 茶园观光入口服务区
9 茶园生态酒店
10 茶园迷宫
11 茶韵文化展览馆
12 高山蔬菜基地
13 中药材仿野生态GAP种植基地
14 星子山旅游休闲区
15 魔芋产业融合示范园
16 稻田生态农业种养示范区
17 兴隆风味街
特色养殖示范区
1 山鸡林下养殖基地
2 特色养殖标准化加工厂
3 特色农家乐
4 标准化山羊、生猪养殖基地
5 珍禽园

6.2.1　道路交通系统规划图

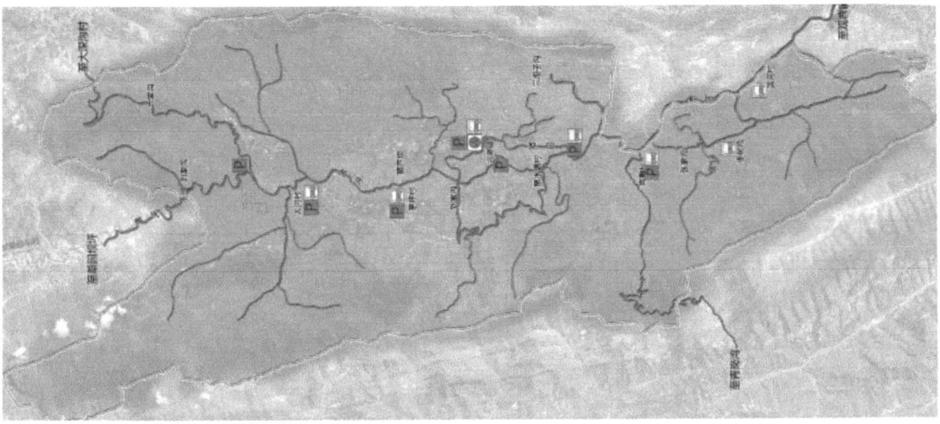

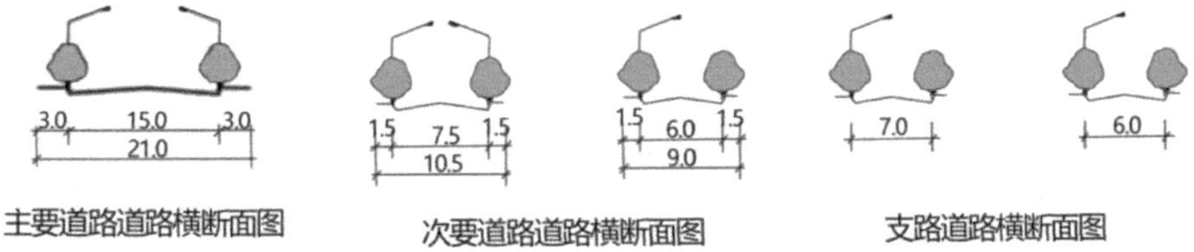

6.2.2　景观系统结构规划图

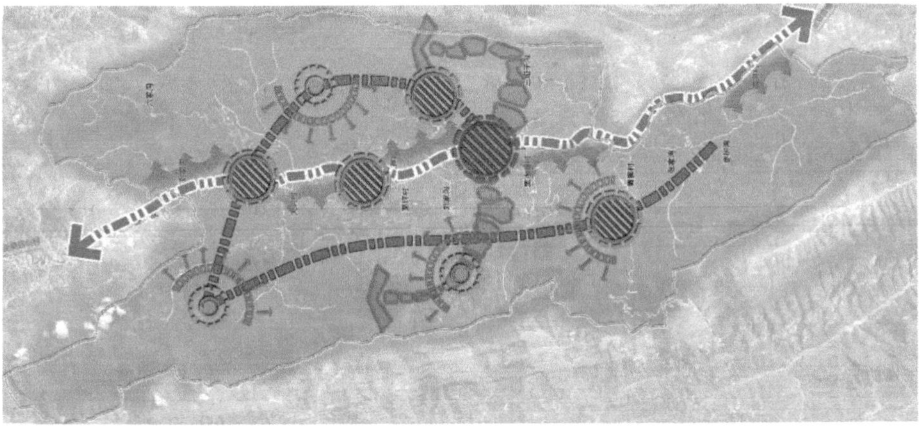

6.2.3 公共服务设施规划图

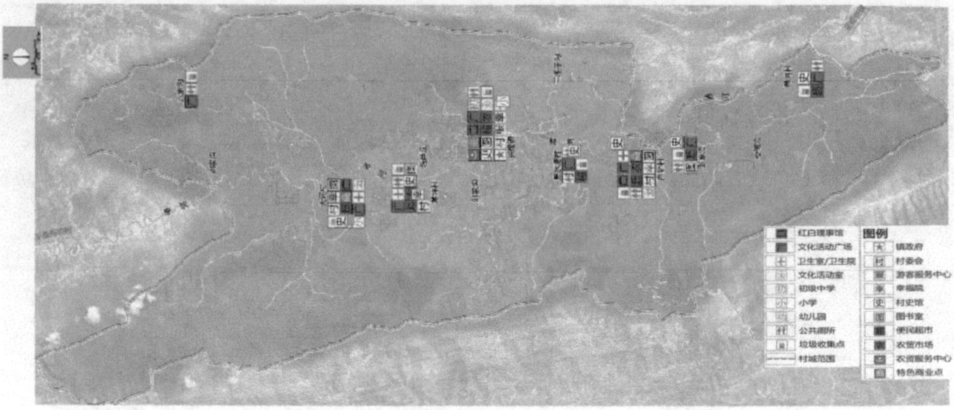

6.2.4 旅游组织规划图

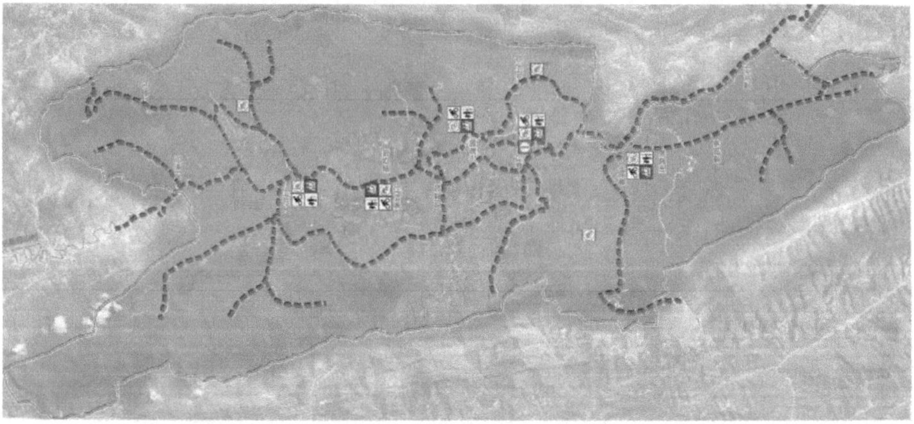

6.3 分区规划——田园综合体试验区

6.3.1 规划区现状

田园综合体试验区包含 XX 镇集镇、水田坝社区、茅坪村、黑水塘村及火焰溪村，位于 XX 镇中部区域，是镇区行政、商业、教育、旅游服务的核心功能区，目前主要种植产业有茶叶、魔芋、中药材等，有茶叶与魔芋的加工企业，初步形成产业融合，但都存在一定的问题需要解决。旅游资源包含最全国美高山茶园之一的高山观光茶园，楮河两岸风景观光带，茶里水街，开发中的星子山景区及茅坪村开阔的河道缓坡田园风貌。目前本区域内的村庄大部分完成了移民搬迁，形成多个集中居住的新社区，硬件及配套条件较好，功能较完备。具有打造高山地区以茶叶产业为主，农旅融合田园综合体的基础。

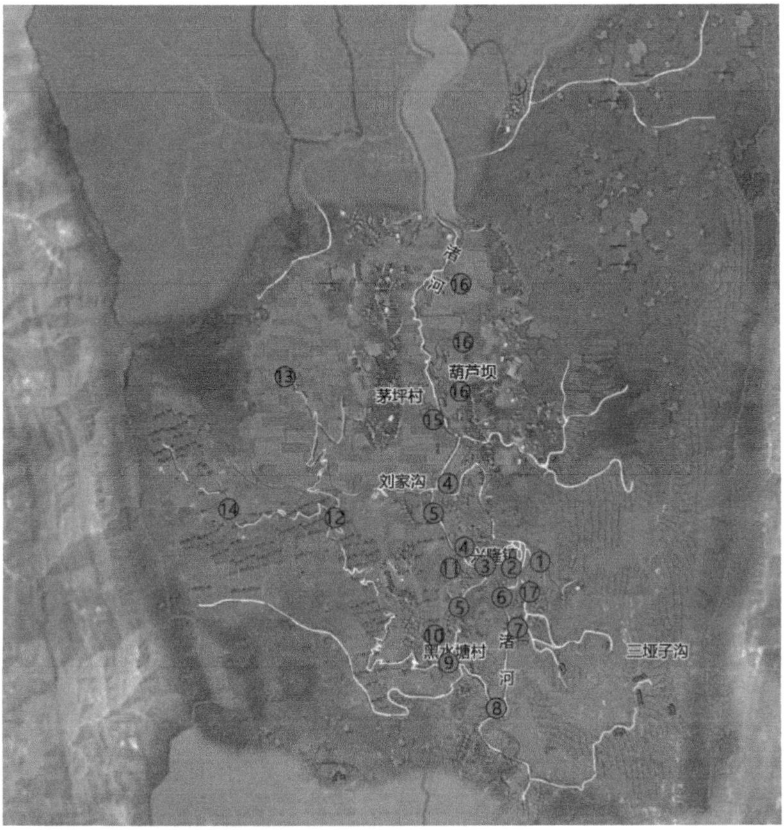

6.3.2 规划区存在问题

(1)作为全镇主导产业，茶叶的种植面积不足，标准不高。未形成茶山茶海的视觉规模，观光茶园建设未完成，缺少景观步道，长廊，凉亭，卫生间等服务配套，茶园观光旅游体验感不足。

(2)魔芋产业作为XX镇特色产业，有着广大的种植基础，但抗灾害能力较差，种植风险较大，产品加工能力有限，品牌知名度不足。

(3)旅游服务业方面,相关配套设施还未建成或正在建设,包括综合性游客服务中心、旅游线路打造、旅游指引系统、公共卫生设施等。

(4)已建成的茶里水街商业文化引入不足,缺失与茶相关的餐饮、销售、文娱等功能,目前主要为居住生活用。

(5)集镇区一河两岸景观打造及夜间亮化已完成,但同样缺少商业旅游配套。

6.3.3 规划思路及目标

(1)规划思路:未来将规划区打造成集产业融合、农旅融合、主题创意、特色文化于一体的山地特色田园综合体样板。通过三到五年的集中建设,把XX镇高山富硒农业产业融合示范基地的有机茶产业同畜牧(生猪、山羊、土鸡)产业、有机肥料、物流贮藏业有机结合,应用循环农业经济发展模式,建成全市最好、特色最鲜明、效率最明显、科技含量最高、最富山地特色、规模最大的高山富硒茶叶现代农业示范园区。

(2)规划目标:以茶文化为魂,将茶道、茶语、茶韵、茶乐、茶戏、茶香、茶味等融入全域旅游线路中,打造以茶韵文化体验及楮河文华体验为主,涵盖田园观光、高山探险的AAAA级景区。

6.3.4　规划内容

(1)万亩标准化茶叶种植示范基地。茶产业作为XX镇主导产业,截至2017年,全镇茶叶年产量达到600余吨,年产值达0.5亿元,占农业总产值23%。现有初制茶叶加作坊20余家,标准化茶叶加企业4个(陕西怡溪春茶业科技有限公司、镇巴县楮河茗饮茶业有限责任公司、镇巴县定元春茶业有限公司、镇巴县裕禾茶业有限责任公司),在镇巴县高山生态富硒茶业融合发展示范园中,已建成茶园4200余亩,有定元春、怡溪春、裕禾、楮河茗饮四座茶叶加工厂,并成立了"镇巴高山富硒园区委员会"。

基于产业现状,规划建设面积共20 000亩的标准化茶叶种植示范基地,主要布局在XX集镇、水田坝社区、黑水塘村及火焰溪村。

新建茶园按照标准化茶园建设要求,全面普及四新(新技术、新材料、新设施、新设备)六节(节种、节肥、节药、节地、节水、节劳)等先进生产材料和技术,全面实现标准化种植、规模化发展,集约化经营;老茶园进行科学化改造,兼并重组,入股到茶叶龙头企业,由企业对茶园内的道路、排水系统等进行合理化布局,统一标准,施入有机肥,全部采用生态种植。同时,开展花卉茶树混种模式试点示范。将大丽花、除虫菊和万寿菊等高级花卉品种和荆芥、旱金莲等中级花卉物种与茶树混种与茶树混种,通过分泌根茎物质杀死土壤线虫,保障了茶叶土壤的质量,而茶树的碱性含量及微量元素也提高大丽花等花卉物种的开放周期及外观质量,形成"茶在花中、花在茶中"的景观。

(2)千亩观光茶园。依托茶叶种植形成的大地景观,结合茶叶的文化创意、传承历史悠久的茶叶文化,形成茶叶采摘、茶文化主题街区、茶点美食、茶文化主题演艺及产业论坛等活动，在水田坝社区建设2000亩无性系生态观光茶园，包括茶园观光区、茶韵文化展览区、茶农系列体验区、茶里水街、茶农庄园。在促进高效农业、特色农产品加工业和旅游服务业的发展的同时，实现一二三产业融合发展，并起到示范带动其他产业发展的作用，有利于增加政府税收，振兴农村经济，提升城乡居民生活品质；另外，不断丰富和提升品牌，成为当地最具影响力的品牌，力争为实现中国山区经济和乡村经济的腾飞做出贡献。

(3)千亩观光茶园——茶园观光步道。步道、长廊、凉亭穿插于整个观光园，随势造景，采用自然造景的开发原则；同时，再结合房屋农舍等人工建筑进行点缀，能够让整体景观更具人文性，也更具审美价值；观光设施能够从不同角度欣赏整个茶园的风貌，设计合理，适宜拍照。

观光步道已防腐木搭配钢结构为主，依地形设计路线，部分地方可以架高形成高出地面的栈道长廊与桥梁，在地势开阔且视野良好区域可以设计大型观景平台，通过在地面雕刻诗文绘画，品茗的文人墨客，演绎茶道茶艺的女子，有效地吸引人们的视线，展示茶园文化氛围，突出茶园的文化特色。

基础设施包括照明设施、休息设施、卫生设施、水源景观等，在灯具的选择上，就可以将茶文化融入其中，灯具造型可以突出茶文化的特点，以茶具为灯具造型，或发挥灯饰作用，配以茶叶装饰等；休闲设施以茶桌、茶凳、茶椅为主，摒弃一般公园的长椅类型，要设计有特色、有趣味、有情调的休闲设施；卫生设施上，卫生间的设计契合茶园的整体氛围，与周围景观保持风格的和谐一致，外观上装饰有关茶叶的图片，给人以干净卫生之感，另外，垃圾桶的设计要特别注意精巧别致，从小景观、小细节上最可以看出设计者的设计理念和设计态度；茶与水都是自然的馈赠，是茶园生态性的最鲜明的体现，水池的设计可以在形状上着手，如茶叶形状的水池，池中饲养金鱼，莲花，与周围茶树相得益彰。

(4)千亩观光茶园——茶园迷宫。打造茶田迷宫，提高游客的参与度，在种植茶树时，可按照迷宫图样栽植，形成图案，游人可在迷宫中体验，在漫步茶园的同时，增加观光茶园的趣味性。

(5)千亩观光茶园——茶田生态酒店。整个建筑群采用“生态材质＋落地窗”建筑，无论从哪个角度，看到的都是扑面而来的茶田。整个茶庄面向高端人群，按照五星级酒店标准建造，采用“一价全包”模式，提供定制化的服务，安排有贴身管家，量身打造养生课程，在满山的茶田间做一次茶 SPA，品尝茶主题养生套餐，学习茶道、茶礼等，唤醒心灵的复苏。

(6)千亩观光茶园——茶韵文化展览馆。在茶园观光步道中，建立一处 500 ㎡ 的茶韵文化展示馆，除了常态的文化墙展示之外，加入包括雕塑、木架构等景观小品。在此区域内进行茶道展示，如茶艺茶道现场表演和品茶，展现茶艺茶道的文化特色，并且体会中华文化中“以茶待客”的文明礼仪。另外，充分挖掘茶园的附加产品，依托茶文化的主题，推出茶文化主题书店和茶纪念品销售区，在景观设计上，建筑设计要古朴典雅、装修雅致，书店设茶桌茶凳，可边喝茶边看书，餐厅餐具参照茶器设计，要增加这些场所的茶韵。

(7)千亩观光茶园——茶农系列体验区。种茶体验区：在观光茶园规划区内的现有茶园进行基础改造或者翻新，新建观光茶园的茶树种植采用间隔种植，留下的空隙用于游客体验茶树种植。可供选择的种植模式有“单种植体验模式”—仅体验茶树的栽种过程；“挂名种植模式”—体验茶树的栽种过程，所种茶树挂上栽种人的姓名、种植时间等信息，可单人、情侣、兄弟、闺蜜、一家人等；“终生认名种植模式”—体验茶树的栽种过程，体验茶树的管理、打理过程，所种茶树归种植人终生所有。

茶园管理体验区：针对长期性、想要体验农事操作的游客，划定一片茶园，进行一段时间的茶园管理、打理等工作。

加工体验区：提供采茶、制茶、后期加工体验。全方位的体验茶叶采摘过程,体验手工制茶过程。

(8)茶里水街提升。提升茶里水街的茶韵文化氛围与商业氛围,打造茶味美食一条街,从全国各地借鉴引入各色的与茶有关的美食小吃,在此基础上进行本地特色的改造,同时,注重自我创新,开发创意美食,丰富美食种类。让游客在领略茶园风光的同时,品茶香、吃茶味。以茶味美食为基础,丰富商业业态,增加茶韵客栈、茶社、茶产品销售、茶文化衍生品展销等服务功能,最终成为独具一格的特色商业文化街。

(9)茶农庄园。茶农庄园的具体建设同《XX 县 XX 镇茶农庄园移民安置点修建性详细规划》该庄园以旅游者和居住者为主要使用对象,考虑其心理和行为模式,将其融入整个规划设计理念进行精心布局,打造成村庄特色突出、经济持续发展、居住环境优美的文化旅游体验区。以茶韵文化为主线,以楮河文化为魂,通过资源整合和项目策划,将“山、水、茶、林、院”等众多元素融合为一体,创造出人文气息浓厚、茶文化独特的民宿,让人们徜徉于山林田园之间,感茶文、住小苑、品茶香的旅游目的。

(10)标准化茶叶加工厂与仓储冷库。茶叶产业作为 XX 镇主导产业,截至 2017 年,全镇茶叶年产量达到 600 余吨,未来规划发展的万亩标准种植基地后,茶叶产量将急速增大,目前现有的加工与储存设施无法满足。规划设计 2 处标准化茶叶加工与仓储设施,每处占地约 800 m^2,购置加工设备与冷藏设备。

仓储加工厂的建立有利于提高成品茶叶的外观和品质,延长茶叶产业链,提高产品附加值,促进 XX 镇茶叶产业形成从种植到加工的良性循环发展,使本地茶叶向集约化、产业化方向发展,全面促进茶叶产业的发展。

集约化茶叶加工生产可最大程度减少茶农自家加工造成的污染物，有利于产业生态化的发展，为“一江清水送京城”提供保障。

(11)魔芋产业融合示范园。XX镇属镇巴县传统魔芋产业重镇，70%以上群众种植魔芋，年种植面积达9000余亩。XX镇党委政府制定了魔芋产业专项发展规划，出台了一系列产业扶持政策，培育了以镇巴县丰兴农业有限责任公司为龙头的魔芋加工县级知名企业，在全镇发挥了典型示范和引领带头作用。位于茅坪村的镇巴县丰兴农业有限责任公司旗下的XX镇利民魔芋专业合作社是一家集魔芋种植、加工、销售于一体的农村合作经济组织，成立于2014年2月，2016年产值达4850万元，2017年魔芋基地种植面积1670亩，经营种芋供销业务覆盖全县90%以上乡镇，生产的魔芋精粉远销湖北、四川等省市。曾荣获县镇两级“企业发展奖”、“优秀企业奖”、“立信单位”、“创业就业明星”等荣誉称号。

基于产业现状，规划将位于茅坪村的镇巴县丰兴农业有限责任公司旗下的XX镇利民魔芋专业合作社进行扩建升级，扩建标准化加工厂房2 000 m^2，引入新设备，流水线分区生产。并新建1 000 m^2标准化冷藏储存厂房，用于采收后的鲜芋的储存。

扩大生产与加工能力能够促进XX镇魔芋产业升级，提高产品产量与质量，为对外产品输出与品牌打造提供保障。

利用现代生物技术开发魔芋产品深加工项目。在精粉加工的基础上，开发高端魔芋产品，逐步实现产品多元化、开发系列化，提高魔芋加工尤其是深加工水平。加粗和延长魔芋产业链条，实现魔芋加工的增值。初加工方面，研究制定芋角（片）的加工规程和产品标准，改变目前芋角（片）生产无标准可依和产品质量差的状况；精粉加工方面，在国家产品标准的基础上，完善加工规程，制定适合 XX 实际的地方标准，进一步规范精粉加工技术工艺，消除出口的技术障碍；深加工方面，结合新产品开发，根据国际贸易中技术壁垒有关内容，研究制定加工规程和产品标准，抢占魔芋终端产品标准化的制高点。

与西北农林科技大学建立魔芋种植技术试验站，在示范园内建立实验室，育种室、种植技术远程授课室等，增强魔芋产业的产品质量与抗病害技术。

以现有镇巴县丰兴农业为龙头，带动魔芋合作社及其他加工企业发展。开通农产品绿色通道，搞好产品外销。在巩固现有国外市场的同时，要千方百计打开国际市场，减少转口，增加直接进入国际市场的份额。加强与知名食品企业合作，提高国内市场份额，构建良性的产供销市场网络。建设电商网络销售平台，注册 XX 镇魔芋电商品牌，发展线上线下订单业务。

(12)稻田生态农业种养示范基地。以水田坝村北侧区域与茅坪村为主，依托周边较为开阔的河道坡地良田及良好的观景视野，沿河打造约 300 亩观光型生态农业种养示范区。

在现有的河道缓坡梯田基础上，升级高标准农田，做好排水、农耕路等基础设施建设。建立稻田生态农业循环系统，按照标准化、绿色化、精品化的思路，建成有机无公害的稻鱼、稻鸭共生及稻油、稻菜轮作的有机稻田种养基地，将种养殖与休闲观光相结合，打造风景优美，生态循环的梯田景观。

建设田间观光步道，依地势建设田间观光步道、楮河风景廊道、自行车道等慢行系统，采用透水砖或透水沥青材料铺设路面。

(13)XX 风味街。XX 镇在镇区楮河河道景观打造上已初具规模，亲水平台、景观桥梁、沿岸河堤、文化墙均已建成，并实现了夜间景观亮化，但目前还不足以形成旅游热点。利用已有的景观河道，升级改造门面，打造水田坝社区与黑水塘村一河两岸的“XX 风味街”，以黑水塘村沿楮河的集中安置区为主，依山傍水打造，经营XX风味主题的农家乐，主题餐厅等，结合当地特色食材打造XX美食或镇巴美食。鼓励补贴农户经营售卖XX特色产品，如腊肉、魔芋、中药材、山鸡山羊山猪等，既增加农民收入，更有利于特色打造。

引入当地特色风俗，开展如杀年猪开宴席等节庆活动，在民俗渐远的当下，抓住人们内心的需求，还原良性风俗习惯，对外宣传，形成热点。

(14)星子山景区。星子山景区目前已按规划开始基础建设。景区内包含天坑、奇石等地质结构，是XX镇高山旅游特色资源，是丰富XX镇全域旅游体验项目，提升旅游深度的亮点。建设同相关详细规划，本规划不做具体阐述。

(15)特色民宿。将区域内风貌保存较好的且周边景观较佳的民房统一流转到村集体或合作社，再对外招商或转租，吸引有经验，有能力的经营者进行运营，因特色民宿对环境设计、文化体验、经营理念、设施成本上的高要求标准，不建议村民自发经营。

特色民宿的打造有利于旅游品牌效应的快速传播，但需要控制数量，提高质量，规模适度，个性经营。

(16)楮河文化体验。规划打造楮河文化景观体验带，范围包括黑水塘村、水田坝社区、茅坪村楮河沿岸两岸区域，充分挖掘楮河文化，在不破坏水体、河道环境的原则下适度打造两岸风貌。

①复原集镇区古桥原貌，沿河建设景观桥梁(包含公路桥梁与吊桥等种类)，选择适宜的河岸建设竹林栈道，丰富河岸旅游体验。

②在堰大路沿线建立停车观景平台、生态卫生间、旅游指引牌等旅游服务设施。

③在茶农庄园处建立一座面积500 m^2 楮河文化展示馆，以楮河水文化为主题，通过图文结合影像视频的方式展示，可复原过去XX人利用楮河水生产生活的场景，以及省级非物质文化遗产——镇巴宣纸传统造纸技艺展示等。

6.3.5 保障措施

(1)在茶叶产业方面，镇政府各部门要对茶叶产业和观光茶园的建设和布局有高度的战略意识，总揽全局，强化下属各级单位对茶叶发展的认知程度，提升产业发展的效率；加强机构职能和队伍建设，建立健全管理体系;落实监督、管理责任体制,建立健全监管机制。鼓励龙头企业进行创新开发茶叶产品,支持企业革新,提供必要的政策和资金支持。

(2)在魔芋产业方面,镇政府各部门要从全局和战略位置上科学的指导、规划魔芋产业的布局和发展,总领大局;强化各部门、各单位对魔芋产业发展的认知程度,为魔芋产业的发展打开绿色通道;建立健全监管机制,加强职能机构和队伍建设,具体建设和责任落到实处。

(3)加快已建设与规划中的项目进度,科学合理地安排项目实施计划,确保政策支持,资金到位,实施有序,管理明确。

(4)引进优秀人才,培养人才队伍。充分利用市场吸引力与高校科技资源,组织相关人员专项培训,培养一批懂技术、会管理、善经营的专业人才。同时,完善人才引进、使用机制,营造良好的用人环境。

6.4 分区规划——特色养殖区

6.4.1 现状及问题

规划区是包含青狮村、建全村、黄河村组成的以种养结合为主的特色养殖区。

XX镇2018年年底养殖有2.8万头生猪、山羊1.5万只、散养土蛋鸡5万只。养殖产业发展多以农户小规模散养为主,且分散全镇各村,产量、产值及管理技术较落后,无销售平台对接,无加工及冷藏设备,产品单一,销路受限。

作为南水北调中线水源地,为保证“一江清水送京城”,区域内的养殖业发展收到了严格的限制,产业规模不宜过大,因此本规划将养殖业作为特色发展产业进行规划,未来重点在此区域内发展。

6.4.2 规划思路及目标

(1)规划思路:按规划产业布局逐步调整养殖业区域,远离河道水源。优化、完善养殖小区布局和建设标准,提升养殖基地水平;健全畜禽防疫检疫机构,促进养殖业的健康发展;组建跨区域的畜禽养殖专业合作社,推行统一动物防疫、统一品种改良、统一肉蛋质量检测、统一技术培训的“四统一”的管理运行机制。通过养殖小区、检疫、市场等基础设施的建设,构建“基地+合作社+企业+市场”产业化发展模式,全面提升畜禽发展水平,促进农民增收,推进区域畜禽产业持续发展。本地特有的地理环境造就了不同风味的畜禽肉类产品，将肉类进行加工改良，包装营销，研究本地风味菜品以满足游客味蕾。

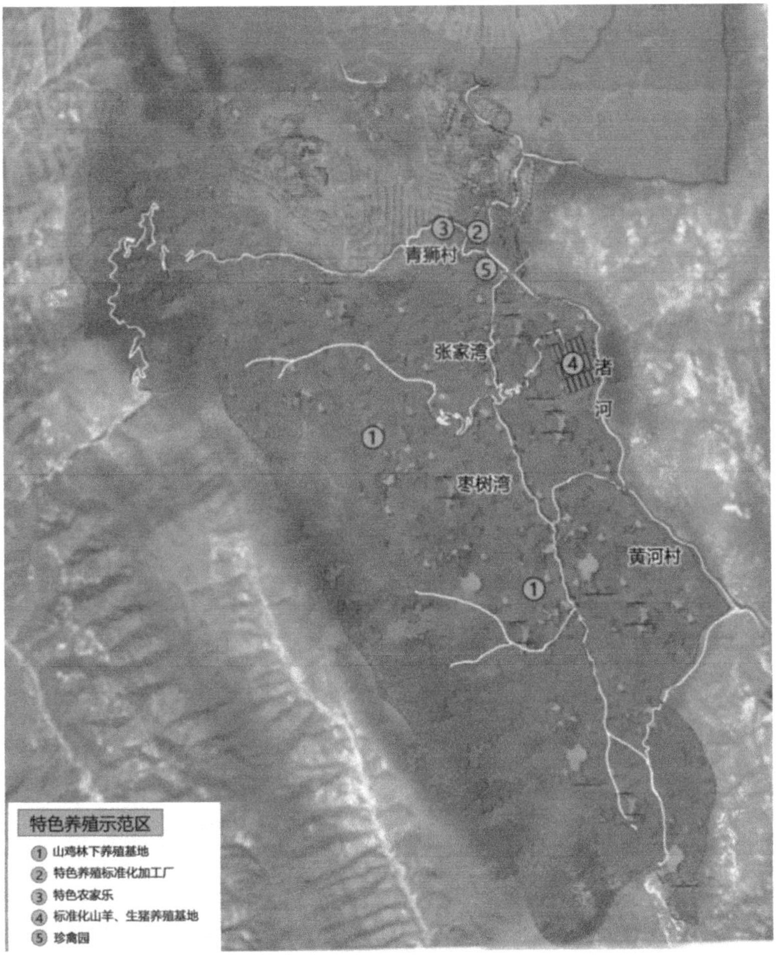

XX 镇畜禽养殖分布图

(2)规划目标：建立镇养殖协会，通过协会体制创新、利益分配机制及技术培训、指导及市场反应能力的改进等，形成在品种选育、引进，养殖技术、配方饲料的供给方式、肉蛋产品的质量检验、重大疫病防疫等功能、机构齐全的畜禽养殖协会；通过招商引资或者对本地区现有企业的扶持，一方面使 XX 成为肉制品企业的生产基地，另一方面，通过提升本地企业的发展能力，营造本地品牌，使 XX 成为优质畜禽肉蛋制品的生产基地；研制本地风味肉类菜品以满足景区游客味蕾。

6.4.3　规划内容

首先将特色养殖区进行科学合理的划分，分为畜禽养殖禁养区、限养区和养殖区。禁养区主要指生态公益林区、生活饮用水源保护区、风景名胜区、旅游度假区、森林公园、文物和历史遗迹保护区、基本农田保护区、自然保护区的核心区和缓冲区，城市和城镇居民区、文教科研区、医疗区等人口集中区及法律法规规定需特殊保护的其他区域。限养区是指控制养殖规模，可发展适度养殖的区域。禁养区限养区以外的区域为养殖区。按照养殖业"往山区转移，往山上发展"的原则，基本布局在高山组村落发展畜禽养殖，在大力发展人工种草、玉米，建立优质饲草基地。

(1)标准化山羊、生猪养殖基地。建立养殖规模为 1000 只山羊标准养殖基地 1 个，发展设施养羊；发展养羊专业村 1 个，到规划期结束时，山羊养殖规模达到 2 万只，养殖方式为"规模化养殖基地＋农户的设施养殖"。

建立 300 头标准化生猪养殖小区 1 个，形成"规模化养殖＋养殖小区＋农户"的养殖模式。山羊、生猪的养殖应大力推进规模化养殖，集约化经营，筹建适度的规模化、标准化山羊、生猪养殖小区，改建以前不符合标准或规模小的小区，尽可能使散养畜类全部入区饲养，提升养殖水平及效益。小区内实行统一企业管理，污染排放达到国家标准。

根据本地的气候环境，山羊的选择种可以参考如下品种：陕南白山羊、马头山羊、宜昌白山羊和板角山羊。生猪养殖可以参考如下品种：黑猪、内江猪、长白猪、大约克夏和杜洛克等。

(2)土鸡林下养殖基地。建立土鸡养殖基地，XX 镇现有林地面积 59 000公顷、森林覆盖率 89.8%，可以发展林下特色养殖。以主打山鸡、土鸡，采用在核桃、板栗等林下自然放养的方式，产品安全营养丰富，能得到消费者的认可和信赖，同时带动乡村旅游业的发展。成立林下养殖专业合作社，注册属于自己的商标。按照"党支部＋合作社＋基地＋农户"的模式，吸纳社员，发展禽类养殖。实施造林与林下经济共同发展的策略，进行生态建设与产业同步开发，对散养的禽类进行轮牧，实施原生态管理，果实、种子或叶子主要用来喂鸡，鸡用来控制害虫。土鸡产品可以做成礼盒销售。散养土鸡因其主要采食野外昆虫、草籽、树籽，这些禽类可以啄食果树的害虫，还可以食用一定的落果、次果及药用植物茎叶花果，树林里的资源为鸡群提供了天然的饲料，鸡群的粪便为树林的生长提供了良好的有机肥。配套建设围栏棚(架)舍、防疫、接种设备和办公、生活设施等，建设应规范化土鸡防疫流程，对农户进行培训以保证畜禽存活率和品质。土鸡养殖建立在现有基础上的高山村组进行，在现有基础上优化养殖技术，不宜进行扩大规模。

本地的土鸡从肉质、蛋质和蛋龄等方面均具有较好的品种优势，但是迫于本地交通等条件没有市场和知名度。可将本地土鸡和土鸡蛋进行品牌认证，注册商标，打出“XX 鸡”“XX 蛋”的品牌，同时进行“绿色食品”认证、“无公害食品”认证、“原产地标记”认证等，将土鸡“地标化”“符号化”，成为本地特色。

(3)养殖区污染防治。根据《畜禽规模养殖污染防治条例(国务院令第 643 号)》的要求，畜禽养殖场、养殖小区应当根据养殖规模和污染防治需要，建设相应的畜禽粪便、污水与雨水分流设施，畜禽粪便、污水的贮存设施，粪污厌氧消化和堆沤、有机肥加工、制取沼气、沼渣沼液分离和输送、污水处理、畜禽尸体处理等综合利用和无害化处理设施。

针对 XX 镇的特色养殖产业发展与水源保护要求，应提出养殖小区内污染防治设备的建设标准，针对不同的养殖模式采取科学合理的污染防治措施。

其方法措施有以下几点。

①调控营养，减少排泄物对环境的污染。应从源头上治理畜牧业环境污染，以达到标本兼治的目的。饲料被动物摄入后，各种营养成分不可能完全被吸收利用，没有被动物吸收的成分将随粪便排出体外。动物对各成分的利用率越高，则排泄物中的含量就越低，对环境的污染就越少。因此可通过提高饲料中蛋白质、氨基酸的利用效率，间接地减少氮的排污量。通过添加植酸酶等酶制剂提高磷的利用效率，以减少磷在水质中的富积。通过添加除臭剂、生物制剂等减少对环境空气的污染。

②山羊及生猪养殖小区，采取人工处理或机械处理方法将栏内干粪清理并且堆积发酵后，运至茶山作为有机肥；将粪尿和冲洗水，先导入小型化粪池滞留 24 小时，经过沉淀打捞及进一步干湿分离后将其就地进行污水无害化处理，达到排放标准后进行农田或林木灌溉。

③养殖小区利用禽畜粪便进行沼气制造与沼气发电，既可用于发电

实现创收，也可利用沼气生产所产生的固态有机复合肥和沼液，满足养殖小区及周边村的蔬菜基地以及周边农田和茶园的土地生产用肥需要。在经济效益、生态效益和社会效益上实现共赢，是实现畜禽粪便更高利用价值的最佳途径。不仅可解决养殖场的粪便、废水污染问题，还可促进当地环境保护和农业产业的升级换代。

④土鸡林下养殖可采取种植和养殖相结合的方式消纳利用畜禽养殖废弃物，促进畜禽粪便、污水等废弃物就地就近利用。

⑤养殖场绿化，在养殖场周边设置隔离林带，场内种植花草，既可改善场区气候，净化空气，还可起到防疫的良好作用。

(4)特色养殖加工及包装。

①规划在青狮村建设一座标准化加工及包装厂房 2000 m^2，引入新设备，流水线分区生产，设立标准化冷藏储存库房，用于肉蛋采收后的储存。

②打造特色品牌，对肉蛋类进行加工升级，包装销售，产品包装建议以绿色环保材料为主，设计简洁大方。

③建设特色养殖电商平台，与京东等大型电商平台搭建合作，开展线上营销活动，打造“XX 山地鸡”“XX 茶园鸡”“XX 高山羊”等品牌。

(5)特色农家乐。在青狮村村委会旁集中安置区处，鼓励补贴村民自营特色农家乐，以特色山鸡，珍禽，山羊，山猪等食材为主进行菜谱制定，经营形式为自营或成立股份合作社形式集体经营，统一管理。

(6)珍禽园。在青狮村山地地势较缓处，规划建设一座“珍禽园”，占地约 30 亩，以 XX 镇特色养殖的山鸡、孔雀为主，引进红腹锦鸡、珍珠鸡、七彩山鸡、彩雉等具有观赏性的禽类，开展珍禽认知、喂养等活动，园内以树，石、草、水等元素布置，形成小区域内的亮点景观，配合农家美食打造特色养殖区内的旅游体验点。

6.4.4 实施措施

(1)推进山羊、猪的规模化养殖，集约化经营。改建以前不符合标准或规模小的小区，尽可能使散养牛全部入区饲养，提升养殖水平及效益。小区内实行统一企业管理，并达到国家标准。用现代化理念、打造畜禽养殖示范基地。以打造现代畜牧业为出发点，力争把张青狮村和大河村培育成规模化生猪、山羊养殖示范村，渗透现代企业管理理念，推动畜禽产业发展体系上、水平上，形成经济效益显著的养殖基地。

(2)做好小区建设。建立畜禽预警系统，全天候检测畜禽动向，做到及时处理发病畜禽，降低养殖业风险；配备机械化畜场机动车(饲料搅拌机、粪处理车)，降低劳动成本。

(3)提高养殖户自身素质。采取举办畜禽养殖培训班、进村入区现场指导等，围绕养殖业生产法律法规、关键实用技术等开展培训，提高农民科技素质，加快山羊、猪的标准化生产技术普及与推广。

(4)建立养殖电商平台及渠道。利用网络媒体平台，进行线上销售及宣传，打造特色品牌概念，与大型超市、销售商建立合作关系，稳定产品销售渠道。

(5)政府加大针对养殖业污染防治的财政补贴与奖励政策，保障政策与资金落实，支持企业或合作社积极引相关进技术及设备。

6.5　分区规划——中药材产业示范区

6.5.1　现状及问题

XX县药用植物共1000多个品种，其中被《中国药典》载入盛产的中药材有236种，有“天然中药库”之称。2002年被命名为“陕西省中药材规范化种植基地县”。中药材也是全县主导发展产业之一，列入全县“十三五”国民经济和社会发展计划，予以重点扶持，其中要求XX镇新建以大黄、厚朴等道地中药材为主的规范化种植示范基地。

本规划区是包含大河村、大深沟村、灵济村、竹园村组成的中药材种植及加工为主的中药材种植示范区。目前XX镇中药材种植主要水田坝社区为主，面积共5000亩，主要有大黄、党参、天麻、厚朴，有中药材合作社牵头，一般直接售卖，没有深加工。中药材种植初具规模，具备一定的种植技术和管理经验。

但是其发展存在以下问题。

①没有对中药材进行深加工，直接售卖获得的利润低下。

②种植规模不够大，暂未达到规划格局中的1万亩。

③没有开发药材衍生品等元素商品服务于旅游业。

④中药材合作社没有很好的整合资源，没有发展中药材龙头企业。

⑤农户散种较多，种植、管理等缺乏统一标准；栽种方式不符合标准

操作规程(SOP),没有根据种植基础计算经济效益,做出效益计算,拟定种植规程。

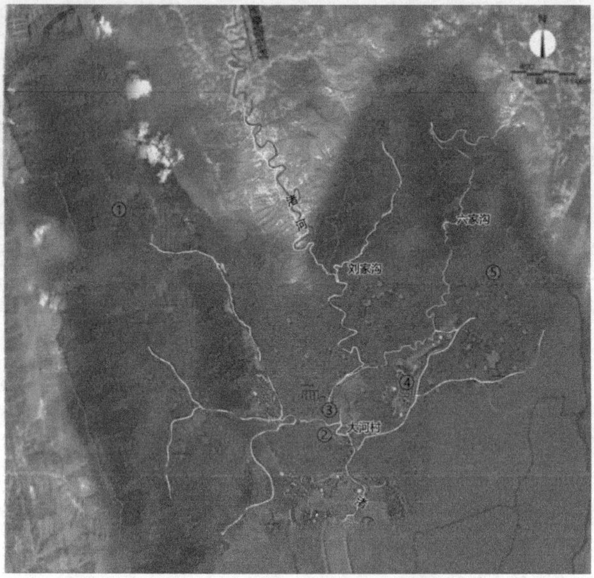

6.5.2　规划思路及目标

规划思路:整合资源,按照绿色发展之路,引入生态种植之路;发展林下种植模式,利用区内已有的核桃及板栗林,扩大林下种植规模;建立中药材自繁基地,选育高品质品种;按照标准化、智能化的生产方式,发展标准化、科学化、生态化加工中药材;延长中药材产业链,促进中药材生产的多元化发展,做大做强中药材产业;以康养为主题,开发药膳等产品,将传统文化和中药文化融入游客的体验中,既能体验游玩的乐趣,又能了解中医文化、中药材文化,提高文化素养和健康意识。

规划目标:兼并重组所有的中药材种植户,共同组建一个大型的中药材专业合作社;发展林下种植,扩大规模。以大河村为核心,带动周边村庄开展种植,打造万亩中药材生态种植基地和千亩中药材自繁基地的核心区,采用专业种植和管理模式,打造标准化中药材种植基地。

结合大河村筹建中的高标准中药材加工厂,带动中药材在区域内的产业升级及融合。建议选择在大河村建成一个标准化仓储物流中心,与中药材加工厂形成配套,辐射周边,并在大河村打造集中药材原产品销售、初级加工产品销售、中药材创意商品销售、药膳、中药材研学的道地药材文化区。

6.5.3　规划内容

(1)万亩中药材生态种植基地。规划以大河村为核心的种植区,包含大深沟村、灵济村、竹园村。中药材的种植必须符合GAP的要求,选择优良品种,其次,种植要符合标准操作规程(SOP),保证种植基地效益的最大产出。种植基地选择种植方式为林下种植,其中,厚朴林种植6000亩;天麻、党参、大黄为林下种植,共计8000亩;食药同源药材同为林下种植,共计1000亩。用5000亩耕地+边缘地带林地,打造种出15000亩规模的中药材生态基地。

厚朴,木兰属植物,落叶乔木,高达20米。其下适合发展林下种植,立体种养,充分利用土地。种植密度按株行距3米×4米开穴,穴深40厘米,50厘米见方,备栽。同时,在耕地边缘的小型灌木林地地带也种上厚朴,不毁坏林地,只需要提供厚朴树苗的生长空间即可,力争增加厚朴面积至6000亩。

天麻,为兰科天麻属植物,草本;生于腐殖质较多而湿润的林下,向阳灌丛及草坡亦有。党参,桔梗科党参属,多年生草本植物;喜温和凉爽气候,耐寒,适合高海拔林下种植。大黄是多种蓼科大黄属的多年生植物的合称,喜冷凉气候,耐寒,忌高温,适合林下种植。以上三种药草分区成片种植,种植于厚朴树下以及边缘林地之下,种植面积不低于8000亩,翌年轮作,克服连作障碍。同时,空闲时期种植绿肥植物(如紫云英、三叶草等),药草种植时直接将绿肥植物翻入土中做基肥,不施用化肥,基本做到仿野生种植,保证药材的质量,提升品质。

另外,开发种植1000亩食药同源的中草药,即既可做药又可做菜的板蓝根、川芎、红香芹、黑威灵、金芭蕉、一号黄药、仙茅、草果(草果芽)、砂仁、牛膝、抽筋草、大驳骨、小驳骨等

(2)中药材自繁基地。选择日照时数较短的地区,要求土层深厚、肥沃硫松、排灌方便,做好高畦,深耕细整的地区作为自繁基地。土壤消毒方面:用硫酸亚铁5～8kg/亩或生石灰30～40kg/亩消毒后播种;或用1500 kg/hm^2的生石灰或4500 kg/hm^2的40%福尔马林水溶液结合整箱作床后薄膜覆盖消毒。底肥方面:播种前7～10 d的堆肥22.5～30.0 t/hm^2、过磷酸钙750～1500 kg/hm^2;或施厩肥3000 kg/亩,过磷酸

钙50 kg/ hm^2。

该自繁基地主要用于厚朴的繁殖，其他药材为辅。从药材的品质、产量、生长周期、储藏与加工成本、抗逆性等多方面综合考虑，结合基地环境条件，应用模糊聚类分析系统，对各种性状指标进行量化和聚类分析，选出品质好、产量高、生长周期短、储运及加工成本低、抗逆性强的优良品种或类型，进行选育、培育。

另外，引入现代育苗及微繁技术加强厚朴育种。例如，对多个不同基因型的厚朴开展组织培养和高产细胞系建立；选择厚朴顶芽(最佳取材外植体)，筛选出最佳启动培养基和继代培养基；开展厚朴外植体灭菌、启动培养、愈伤组织芽诱导培养、继代增殖培养、生根培养以及炼苗移栽等方面的研究，得出关键培养环节的最优配方，辅助厚朴育种。

(3)中药材原生态加工厂。加工厂拟定位置为大河村，面积为1000 m^2，年加工药材100吨。主要晾晒设备为多层立体框架式。

药材加工要求：中药材采收后，保证采收不落地，再根据药性要求，只做简单的洗净或者去皮等基本操作，然后进行传统的晾晒，保证药材的药性品质和质量，同时也是保证其原生态。

(4)标准化仓储物。XX镇中药材种植产业的发展会带来加工与物流的压力，建立标准化仓储物流中心有利于产业的升级发展。仓储物流中心位于加工厂附近，靠近公路，方便运输。占地面积1000 m^2。该仓储物流的建设标准是在经济全球化与供应链一体化背景下的仓储，是现代物流系统中的仓储，建成集调节、检验、集散、加工、配送于一体的仓储。目前，融入“互联网＋”体系，应用射频数据通信、条形码技术、扫描技术和数据采集等技术，实现仓储系统柔性化、自动化。未来，并入人工智能技术，将人工智能集成到物流系统中，推动标准化中药材仓储物流中心由自动化向更高阶段即智能自动化方向发展。

(5)生态观光药用植物。规划在大河村建成集观赏、科教、示范、休闲等为一体的药用植物园。面积约20亩，结合镇区全域旅游路线，打造精品中药文化旅游。

利用已有药用植物资源和适当引种，丰富药用植物的多样性；依靠科技，在满足生产、科研、展示的功能前提下，辅以教育、游览的连带功能，创建生产、科研、展示、教育、游览和风景园林景观的复合系统，以走向市场求生存来推动药用植物园的健康发展，逐步实现生态效益、经济效益、社会效益三者的最优值。

园内建立一处中药文化展馆，面积约300平方米，可分两层。下层展示内容为XX镇中药材种植历史沿革，地理特色对中药材品质的影响，道地药材的标准，“XX标准”在中药材种植加工上的要求等内容，上层为中医馆及特色中药材销售区。

展示方式要多种多样，既包含中医药学基础知识展示，也包含园内所种中药材的科普知识，丰富药用植物园的内容，满足对中药材的研学、观光、体验等多方面需求。

6.5.4 实施措施

(1)镇政府牵头，对中药材产业进行合理的科学指导，重点打造以大河村为中心的中药材种植业基地，以及大河村的中药材加工、仓储集散，文化体验功能，实现中药材产业融合。强化基层组织对中药材种植业发展的全局意识和战略意识，强化民众对中药材种植业发展的意识；加强对大河村特色中药材种植区的规划建设，科学指导村基层党组织对规划项目的管理等工作。建立健全监督和管理机制，实行责任制，项目建设落实到责任人，全面提升产业发展效率。

(2)镇政府要积极向县上申请产业相关项目，最大限度地争取上级的政策和财政支持力度。

(3)整合中药材合作社和散户，成立中心合作社，实施三变改革，鼓励机制创新，提供必要的政策和资金支持。

(4)加大宣传力度，打响品牌，制定“XX标准”，做大做强中药材产业。

(5)加大研发力度，开发养生药膳、创意中药材商品等产品，延长产业链。

(6)引进优秀人才，培养人才队伍。充分利用西北农林科技大学的科技资源，组织相关人员去培训，造就一批懂技术、会管理、善经营的专业人才。同时，完善人才引进、使用机制，营造良好的用人环境，着力引进企业管理、市场开拓和中药材精深加工等方面的复合型高级人才。

(7)加大中药文化的传承力度，加大宣传中医文化的精髓，全方位展示中药的魅力。

(8)种植和育种要充分考虑效益公式,即最大效益的获得中药材GAP种植基地的经营管理是一个综合系统。将社会效益和生态效益考虑到种植基地的效益产出中去,以期得到最大的效益产出。

6.6 旅游提升

6.6.1 现状分析问题

XX镇北距西安市 325 km,西距 XX 市 160 km,距离县城镇巴 40 km,南距四川万源市 100 km。210 国道南北贯穿镇巴全境,西乡到镇巴的高速公路正在加紧建设中,连接镇巴县城与 XX 镇的星子山隧道已于 2019 年 2 月 20 日举行开工典礼,预计 3 年内完工,XX 镇作为镇巴县城后花园的局部区位优势凸显。目前境内已有“全国最美茶园”——怡溪春茶园等一批茶叶品质高、风光优美的茶园;同时境内楮河穿镇而过,空气湿度大,负氧离子含量高,非常适合发展康养度假产业和山地避暑旅游。目前已建成黑水塘、茶里水街等 9 个风格别致的移民新区,周边有星子山主峰、神仙洞、黄龙洞、朱家坪风景区等旅游景点,并且镇内正在打造风情民宿一处。旅游前景非常光明,但整体旅游服务体系尚待完善。

其主要问题在于以下几点:

(1)在全域旅游的发展背景下,兴隆镇旅游目前缺乏成熟的旅游路线,不能做到以线连点,全面带动。

(2)缺乏亮点打造。兴隆镇有着悠久的茶文化底蕴,独特的巴山人文自然景观等旅游资源,但还未形成出色的旅游品牌与亮点景区。

(3)旅游资源梳理不够,已有及新发现的人文自然景观有待开发打造。

(4)旅游服务系统不完善,包含旅游形象,全域旅游地图,路线引导导视,旅游接待能力,突发应急能力等的不足,导致旅游体验感不佳。

6.6.2 规划思路及目标

依托 XX 镇的山水资源和产业布局,按照“一心集成服务,一线连接贯通,三区协调优化,多点精品打造”的发展思路,统筹考虑“山水茶林苑”五大要素,将茶禅文化融入清新自然的田园风光中,打造世外桃源般的中国特色乡村,实现村庄与自然和谐共生,人与自然和谐发展。同时精品打造高山茶文化观光体验,开发茶韵文化、楮河文化、特色产业文化,最终形成独具特色文化的全域旅游格局。

建设集茶文化主题度假、镇巴风情体验、山地探险等功能于一体的“AAAA级中国高山富硒云雾茶养生旅游度假区”。

6.6.3　规划内容

(1)建设XX镇综合旅游服务中心,面积约1000 m^2,地点位于水田坝社区与黑水塘村南侧,位置设定应考虑旅游大巴,自驾车辆汇集形成的交通压力,避免过于接近或远离集镇区,应按照AAAA级景区规范要求建设,满足对外形象展示、旅游接待、旅游导引、医疗救助、景区综合管理、旅游产品销售、停车集散等功能,风格以茶韵或XX镇特色建筑风貌为准。

(2)打造XX镇旅游形象标识系统,按照AAAA级景区标准,建立全套旅游导视标牌,要求公共信息图形符号的设置合理,设计精美,有特色,富有XX特色文化艺术感,符合GB/T 10001. 1的规定,材质建议以石材木材搭配钣金工艺。

(3)按照AAAA级景区标准,完善旅游卫生间、长椅、环保垃圾箱、医疗救助点等硬件服务设施,游客公共休息设施布局合理,数量充足,设计精美,有特色,有艺术感。

(4)旅游安全保障,认真执行公安、交通、劳动、质量监督、旅游等有关部门制定和颁布的安全法规,建立完善的安全保卫制度,工作全面落实。消防、防盗、救护等设备齐全、完好、有效,交通、机电、游览、娱乐等设备完好,运行正常,无安全隐患. 游乐园达到GB/T 16767规定的安全和服务标准。危险地段标志明显,防护设施齐备、有效,高峰期有专人看守。建立紧急救援机制,设立医务室,并配备医务人员。设有突发事件处理预案,应急处理能力强,事故处理及时、妥当,档案记录准确、齐全。

(5)环境整洁,无污水、污物,无乱建、乱堆、乱放现象,建筑物及各种设施设备无剥落、无污垢,空气清新、无异味。各类场所全部达到GB 9664规定的要求,餐饮场所达到GB 16153规定的要求,游泳场所达到GB 9667规定的要求。公共厕所布局合理,数量能满足需要,标识醒目美观,建筑造型与景观环境相协调。所有厕所具备水冲、盥洗、通风设备,并保持完好或使用免水冲生态厕所。厕所管理完善,洁具洁净、无污垢、无堵塞,室内整洁。垃圾箱布局合理,标识明显,数量能满足需要,造型美观,与环境相协调。垃圾分类收集,清扫及时,日产日清。食品卫生符合国家规定，餐饮服务配备消毒设施，不使用对环境造成污染的一次性餐具。

(6)开发特色旅游线路，根据XX镇自然资源及特色项目布局和设计，合理梳理旅游景点及路线，旅游路线应以游客服务中心为起点，按专题进行组织，如古道茶乡之旅、山地探险之旅、XX风情之旅等。旅游路线的设定尽可能延伸到各中心村组，带动各片区的共同发展

(7)开发民俗风情活动，挖掘非遗文化，如古法造纸，传统制茶、镇巴民歌、镇巴渔鼓、杀年猪摆宴席，茶马古道上的茶商文化等。

(8)建立XX镇官方旅游公众号及网站，提供线上查询，线上预定，新闻消息推送、360虚拟旅游等功能，利用广告媒体对外进行特色旅游产品的推广发布，建立智慧旅游平台，形成品牌效应。

(9)搭建住宿体系，满足各消费层的住宿需求，以镇区旅馆宾馆为基础，特色民宿为中端，精品酒店为高端的酒店服务体系。

6.6.4 保障措施

(1)提升旅游基础设施。结合美丽乡村建设、新型城镇化建设、移民搬迁等工作，实施乡村绿化、美化、亮化工程，提升乡村景观，改善乡村旅游环境。加快交通干道、重点旅游景区到乡村旅游地的道路交通建设，提升乡村旅游的可进入性。加强乡村旅游供水供电、垃圾污水处理以及停车、环卫、通讯等配套设施建设，提升乡村旅游发展保障能力。

(2)完善旅游公共服务体系。结合乡村实际因地制宜进行厕所建设、改造和设计，注重与周边和整体环境布局协调，尽量体现地域文化特色，配套设施始终坚持卫生实用，反对搞形式主义、奢华浪费。建立乡村旅游咨询服务体系，建设游客咨询服务中心，进一步完善乡村旅游标识标牌建设，强化解说、信息咨询、安全救援等服务体系建设，完善餐饮住宿、休闲娱乐、户外运动、商品购物、文化展演、民俗体验等配套服务，促进乡村旅游便利化。建设乡村旅游信息平台，完善网上预订、支付、交流等功能，推动乡村旅游智慧化。

(3)加强人才队伍建设。将乡村旅游纳入各级乡村振兴干部培训计划，通过专题培训、送教上门、结对帮扶等方式，开展多层次、多渠道的乡村旅游培训。加大对乡村旅游的管理人员、服务人员的技能培训，培养结构合理、素质较高的乡村旅游从业人员队伍。

(4)鼓励引导社会资本参与旅游发展建设。鼓励和引导民间投资通过PPP、公建民营等方式参与有一定收益的乡村基础设施建设和运营。引导金融机构依法合规创新金融产品和服务模式,扩展乡村旅游经营主体融资渠道,在防范风险的前提下降低融资条件和门槛,服务乡村旅游发展。扶持有条件的农户修缮、改造自有住房发展民宿。鼓励城镇有意愿的组织和个人通过租赁民房开办民宿。支持农村集体经济组织以出租、合作等方式盘活利用空闲农房及宅基地,改造建设乡村旅游活动场所。

(5)提高旅游服务管理水平。制定完善旅游各领域、各环节服务规范和标准,加强经营者、管理者、当地居民等技能培训,提升乡村旅游服务品质。提升当地居民旅游观念和服务意识,提升文明习惯、掌握经营管理技巧。运用先进文化、科技手段在乡村旅游产品体验和服务、管理中,增加乡村旅游发展的知识含量。

(6)完善利益联结机制。建立健全多元的利益联结机制,让农民更好分享旅游发展红利,提高农民参与性和获得感。探索资源变资产、资金变股金、农民变股东的途径,引导村集体和村民利用资金、技术、土地、林地、房屋以及农村集体资产等入股乡村旅游合作社、旅游企业等获得收益,鼓励企业实行保底分红。支持实施一批以乡村民宿改造提升为重点的旅游扶贫项目,引导贫困群众对闲置农房升级改造,指导各地在明晰产权的基础上,建立有效的带贫减贫机制,增加贫困群众收益。支持当地村民和回乡人员创业,参与乡村旅游经营和服务。鼓励乡村旅游企业优先吸纳当地村民就业。

第七章 生态宜居乡村建设规划

7.1 现状分析

XX镇镇区已实施了亮化、绿化、美化、净化、硬化等工程，对老街进行了全面改造，对新街进行了集中风貌整治，形成了一街一特色、一片一亮点，新建了滚水坝、栈道、廊桥、水车、观景亭、茶苑广场、计生文化广场和清水广场等；目前，已按照“一河两岸三岭四片”的集镇建设规划，建成了“三广场、四主街、五路口”“两纵两横一环绕”的路网主骨架，特色优势明显、人居环境优美的“样板集镇”已经初步建成。多个移民搬迁社区的建立解决了大部分高山村民生活居住的问题，在完成集中居住，住房改善等方面走在前列。

其目前存在的问题有以下几点。

(1)集镇区内依然有少部分建筑外风格与整体风格不协调，存在新旧房屋，中西式风格混搭，同时因镇区人口密度较大，餐饮商贸等服务业较多，有占道经营现象，也造成部分区域环境卫生较差。

(2)镇村的电、网等线路未进行入地铺设，有乱搭建问题，存在一定安全隐患，影响景观风貌。

(3)集中居住后形成的生活垃圾问题较严重，现有垃圾站不能很好地解决垃圾堆放、卫生、臭味等问题。

(4)镇村主要干道及支路都完成路面硬化，但集镇区道路警示标牌、路面标线、减速带等道路安全措施不够完善，存在安全隐患，路面未进行“白改黑”。高山村组的道路标准不高，未设置护栏、错车台等设施。

(5)因楮河河水汇入汉江，XX镇为南水北调中段水源涵养地，镇村的污水排放达标率急需提高。

(6)清洁能源使用率不高。

7.1.1　规划目标

在产业强镇，旅游兴镇的发展理念下，以建设集茶文化主题度假、镇巴风情体验、山地探险等功能于一体的AAAA级中国高山富硒云雾茶养生旅游度假区为目标，将XX镇打造成为高山生态宜居样板镇。

7.1.2　规划内容

(1)镇区环境提升。

①加强卫生管理监督措施，大力宣传“美丽XX你我他”的理念，提升居民公共环境卫生保护意识，增设环保垃圾箱，并定时清倒及清理。

②规范商铺经营范围，禁止道路占用或违规搭建，要求商家做到门前环境卫生责任制，为景区打造提供良好的环境基础。

③镇区及移民搬迁社区的水电管网要求做到入地铺设，既消除因建筑密度大及设施线路老化引起的安全风险，也美化镇区的空间环境。

(2)村容村貌提升。在以集中居住为大原则的前提下，尽量鼓励高山组或道路交通不便的村组搬迁至新型社区。社区建设要有相应的文化娱乐设施配套，如休闲运动广场、文化书屋、乡村大舞台等，现有的11个村组要求建设村史馆，挖掘各自的农耕文化、乡土文化、历史故事、名人逸事等，村史的梳理和编纂不仅是当地生产力发展、生活习惯演变的记述，更是让村民产生认同共鸣和情感共融的具体载体，成为乡村建设的一部分。

对于风貌较好房屋予以修缮保留，既保证乡村原始风貌的延续，也可作为后期开发储备资源，对危旧房屋进行拆除，还原自然风貌。仍有村民居住的村组要积极组织发动群众整治环境“脏乱差”现象。做到“三清理、三拆除、三整治”。清理村巷道及生产工具、建筑材料乱堆乱放；清理房前屋后和村巷道杂草杂物、积存垃圾；清理沟渠池塘溪河淤泥、漂浮物和障碍物。“三拆除”即拆除危房、废弃猪牛羊栏及露天厕所茅房；拆除乱搭乱建乱占的违章建(构)筑物；拆除非法违规商业广告、招牌等。“三整治”即整治垃圾乱扔乱放；整治污水乱排乱倒；整治“三线”(电力、电视、通信线)乱搭乱接，清除空中“蜘蛛网”，消除安全隐患，做到线杆架设整齐，线路布设有序。

(3)镇村生活垃圾处理。首先增加基础设施建设资金的投入，加大宣传教育，增强村民的环保意识，通过会议培训、广播宣传、印制宣传手册等方法，让大家学会垃圾分类方法，在村中设置相应的分类垃圾桶或垃圾箱，以及相关标语。其次，建立农村生活垃圾集中收运处置体系和运行机制，采取“户分类收集，村转运、镇处理”的模式，农村生活垃圾由居民自行分类装袋后将不可回收垃圾送到村垃圾收集点或指定垃圾桶内。由专人负责将本村的垃圾转运到镇级垃圾站，最后统一转运至垃圾处理场集中处理。

在原有垃圾堆放点区建立大型垃圾压缩站，配备垃圾压缩运输车，并进行无臭化管理，如专人负责，绿化美化整治，安装高压水枪定期清洗消毒，排污系统改造，除臭设备安装等，移民搬迁社区所在村组建立小型垃圾压缩站或升级原有垃圾站，同样要求做到无臭化管理。

(4)镇村污水治理。目前XX镇已建镇级污水处理厂一座，但污水处理管网并未通联各村庄，首先加大基础设施投入，按照相关管网规划铺设联通镇到中心村或移民搬迁社区的生活污水收集管网，完善污水收集和处理体系。其次，合理选择污水处理技术，选择适合本地特点的低成本、易管理的技术。最后，保障长期稳定的资金投入，以满足污水处理系统运行的日常维护。

在人口较少或相对较远的村组建设小型污水处理站，就地处理，湿地化改造。最终实现社区与大型村庄的统一处理及小型村庄的就地处理双模式。

针对XX的乡村特点与地质条件，提出如下农村污水处理方案。

①应当具备的技术特点：可以广泛应用于一切生活及工业废水的生物处理。尤其对城市及乡村生活废水、畜禽养殖及屠宰废水、工业园区综合废水的微生物处理、印染及染料生产废水、啤酒及酿造生产废水、石油化工废水、造纸工业废水等均有显著效果。可替代目前国内通用的氧化沟、接触氧化、A2O、MBR、SBR、CASS、MBBR及传统的微生物厌氧、兼氧、好氧工艺组合。

②流程说明：分散式污水净化器主生化反应部分(即悬浮式生物流化床)由水解酸化区、好氧升流区、缺氧降流区以及生化沉降区以及出水槽组成。污水经收集自流入水解酸化区，污水中的高分子有机物在厌氧兼氧微生物的水解作用下降解为小分子有机物，利于后续好氧生化处理；同时利用好氧菌胶团自身优越的物化及生物特性，发挥吸附、絮凝、胶体过滤等作用，将污水中的大部分悬浮污染物去除。

③达到要求：

a. 水力负荷总停留时间较常规工艺短，因此构筑物容积较常规工艺小，投资占地小。

b. SL 优选工程菌填料载体的共同作用，融水解、好氧和兼氧工艺于一体，脱氮效果优于传统工艺。

c. 污泥浓度高，微生物量（40～50 g/L）污泥负荷高，去除率较高，耐冲击负荷力强。

d. 曝气量低：2 mg/L，运行费用低，节能配套常规设备，运行管理方便。

e. 反应器内多微生物共存，微生物相多样化，生物的食链长，并能存活世代时间较长的微生物。

f. 微生物量多，处理量大，净化功能显著提高，氧转移率及利用率高；一般不需要污泥回流，易于管理，污泥膨胀问题少。

g. 干化后的污泥可作为补充填料重新投加，减少污泥外运处置量，污泥可重复利用

按每套每天处理能力的规格分别有：1t/d、3t/d、5t/d、10t/d、20t/d、30t/d、50t/d、100t/d、200t/d、500t/d、1000t/d。

管网建设成本（视地质条件及施工难度变化）：DN80～DN150（150～400 元/米）、DN200～DN600（500～1000 元/米）。

乡村污水集中运营管控平台

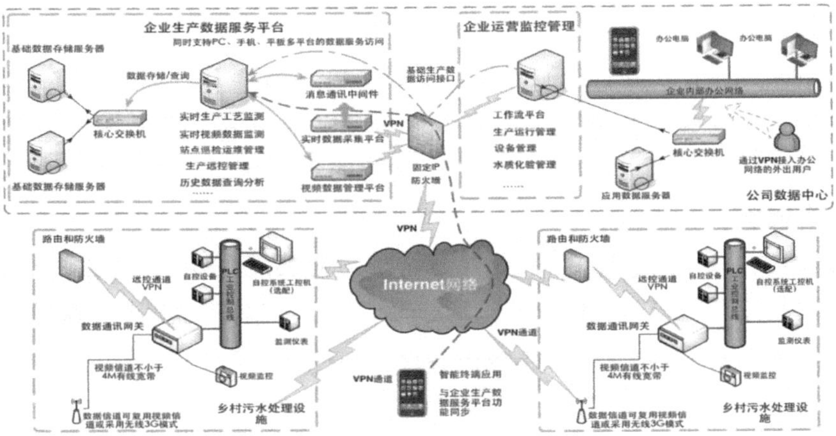

（5）清洁能源使用。以习近平新时代中国特色社会主义思想为指导，

全面贯彻党的十九大精神，按照“因地制宜、多能互补、综合利用、提质增效”的要求，以加强农村生态文明建设、改善农村生态环境为主线，以优化农村用能结构、转变农民用能方式为方向，以提高农村清洁能源使用覆盖面和利用水平为重点，将农村清洁能源建设与农业供给侧结构性改革、美丽乡村建设、精准扶贫和生态文明建设紧密结合起来，着力推动农村生产生活用能由使用薪柴为主向综合性、多元化使用清洁能源为主转变，推进农民生产生活方式向绿色可持续发展转变。

①加大镇村供电、供气等基础设施建设力度，提高配电网智能化水平和供电能力，通过以电代煤（薪）、以气代煤（薪），以及推广风能、太阳能和地热能等清洁能源，解决城乡接合部、城市近郊、农村地区民用散煤燃烧污染，以及城郊设施农业种植燃煤散烧增热保温等污染问题。

②加快农村用能结构优化升级。在农作物秸秆资源丰富的地区，建设秸秆型沼气工程、秸秆气化站、生物质成型燃料厂，通过沼气化、汽化、固化成型等方式推进农作物秸秆能源化利用。在畜禽养殖密集的地区，因地制宜建设一批区域联供、村联供的大中型沼气集中供气工程，推进农业农村废弃物资源化利用和农村再生清洁能源开发利用。在以薪柴为主要生活用能的地区，推广使用热效率较高的省柴节煤炉灶，减少薪柴和煤炭使用量，降低生活成本，改善环境质量。

③强化农村清洁能源管理和服务。加强县级农村能源服务站（中心）、乡镇级服务点（站）、村级服务网点建设，将县级、乡镇级服务站点纳入农村公益性服务“以钱养事”范畴管理。鼓励和引导农民、村集体自建或与市场主体合作建设农村清洁能源服务专业合作社、技术服务公司，支持市场主体按规划参与农村清洁能源基础设施和服务网点建设，积极探索以市场化运营为主、政府提供政策支持的农村清洁能源技术服务体系建设新机制、新模式。

(6)镇村道路提升。按照镇巴县全域旅游发展大布局，依据 XX 镇高山富硒度假区的定位，《GB/T 51224－2017 乡村道路工程技术规范》国家规范的技术要求，大力提升镇域内各村庄道路的旅游配套升级及建设，形成干路、支路、田间路层级分明，快慢有序的田园旅游观光道路系统。

主干路提升，联通镇区及村域的主干路路面白改黑，设立村域引导指示标牌，完善路面交通标识线划定，人流密集处设立减速带及警示标牌，道路两侧进行景观、绿化、亮化设施的设计与建设，节点性布置环保垃圾桶、生态卫生间，在重点旅游观光线路段建设观景凉亭，应急停车位等设施。

支路提升，支路路面完成白改黑，设立引导标牌，完善路面交通标识线划定，设定限速区，人流密集处设立减速带及警示标牌。

田间路提升，田间道路按照高标准基本农田田间道路建设标准进行提升，并依照国家体育总局、发改委、财政部印发《百万公里健身步道工程实施方案》的要求，结合镇域内大地景观区及产业园区建设田园景观观光步道，与主路、支路等形成道路网络体系。

7.2　加强生态保护与修复

7.2.1　加强山水林田湖草大生态的保护力度

(1)实施XX镇生态融合发展工程，加强保护楮河XX镇河段的生态保护与修复，为“一江清水送京城”提供保障。

① 修整楮河河道及道路两旁的景观，栽植观赏性较强的花卉或乔灌木，增加河道围栏，既体现景观特点，又起到了安全与防护的作用。

② 加强河道护坡建设，以乔木、灌木、花草搭配栽种的形式，防止水土流失，美化沿岸景观。

(2)健全生态系统保护制度。

① 加强河长负责制，按照国家规定设立河长，实行河长负责制，促使相关责任人对流域内生产、生活、生态修复与保护等活动进行严格监督管理。加强楮河流域生态修复与保护，规范流域内开发、利用、建设等活动，实现楮河流域生态良好的目标，促进经济社会可持续发展。

② 加强对树林、草皮等绿色植被的保护力度，开展义务植树造林，退耕还林还草等活动，增加绿色植被覆盖面积，实施古树木认领保护工程，增强人们保护林草的积极性，提升人们的生态保护意识。

③ 实施耕地保护与土壤修复工程，加强基本农田保护，确保其面积不减少，土壤环境质量不下降。对于已污染土地探索借鉴重金属污染耕地治理模式，同时通过栽培管理、种植结构调整、退耕还林还草等措施，有效实现土壤的安全利用，防控风险，确保农产品安全。

7.2.2　加大农业生产过程中面源污染的防控

(1)实施农田土地整治与减肥减药工程。通过对XX镇农田土地整治与土壤生态修复,到2022年,本区域化肥农药使用实现科学指导施用,采用测土配方施肥,大力发展绿色农产品,为XX镇绿色无公害产品的品牌做好基础性工作。

① 填埋无用的沟渠、坑塘,合并小田块,提高用地效率,布设滴灌或喷灌设施,实现节水精准灌溉。

② 减肥减药,施用腐熟化处理的有机肥,加强缓释肥料、水溶肥料、专用肥、低毒低残留农药的推广。

③ 推广农业防治、生物防治、物理防治等绿色防控技术,推进统防统治与绿色防控相融合。

(2)农业废弃物的资源化利用。畜禽粪便、秸秆等农业废弃物的资源化利用是目前控制农业面源污染的重要途径,主要包括沼气发酵、有机肥料研发、饲料加工等方面,各种农业废弃物的发酵产物可为作物提供丰富的氮、磷、钾、有机质等营养元素,通过农业废弃物的资源化利用,实现绿色循环农业的发展。

7.2.3　生态保护制度建设

(1)强化责任意识,将农村环境污染防治列入村干部绩效考核,形成长效机制。建立环境监督检查管理机制,对垃圾随意投放、破坏环境资源者的举报,要给予保护和兑现奖励。

(2)多渠道筹措垃圾收集处理的资金,各级政府应将此项公益事业建设纳入财政预算。并鼓励乡贤捐资出力,为垃圾处理生态环境保护做出贡献。

(3)农村垃圾的污染防治需要进行培训,以提高广大农村干部群众的思想觉悟和水平。

(4)在经过培训提高认识的基础上,各部门协调联动,组织安排干部通过媒体、墙报、明白纸等形式,宣传生态环境保护的重要和深远意义。

(5)聘请有关专家和当地群众代表,共同制订当地生态环境保护规划,对人畜粪尿、生活垃圾、危害性垃圾严格分类,科学设置无害化、资源化处理站。

第八章　人才与组织振兴

8.1　人才振兴

8.1.1　总体要求

(1)指导思想。以习近平新时代中国特色社会主义思想为指导,全面贯彻党的十九大和十九届二中、三中全会精神,认真落实习近平总书记重要讲话、重要指示精神,按照培养造就懂农业、爱农村、爱农民“三农”工作队伍和“给农业插上科技的翅膀”要求,坚持把人力资本开发放在首要位置。着力破除束缚人才发展的体制机制障碍,推动各类人才形成合力。让愿意留在乡村、建设家乡的人留的安心,让愿意上山下乡、回报乡村的人更有信心。激励各类人才在农村广阔天地大施所能、大展才华、大显身手,打造一支强大的乡村振兴人才队伍,为打造乡村振兴XX样板提供坚强的人才支撑和智力保障。

(2)基本原则。一是坚持优先发展。紧紧围绕构建现代农业产业体系、生产体系、经营体系和满足农村一二三产业融合发展需求,加快补齐农业农村短板,在强化人才供给上优先保障。二是坚持高端引领。强化创新驱动发展,充分发挥高层次农业科技人才和高素质农业生产经营人才的引领带动作用(西北农林科技大学等科研院所合作)。三是坚持分类开发。遵循人才成长规律,采用差异化、针对性引才用才措施,为适宜XX的乡村人才成长提供便捷通道和广阔舞台。四是坚持凝聚合力。注重发挥各类人才优势,密切衔接、相互配合,形成群策群力、共同发力的协同机制。五是坚持政策激励。树立人才资源是第一资源的理念,不断优化人才发展环境,吸引社会各界投身乡村发展,让各类人才创造活力竞相迸发、聪明才智充分涌流。

8.1.2　目标任务

(1)总体目标。从XX市试点镇村着手,到2020年,全市基本构建起乡村人才振兴的政策框架，创新引才、用才、育才体制机制，形成上下贯通、协同配合的良好工作格局；到 2022 年，培养和造就一大批符合时代要求、具有引领和带动作用的乡村人才，使人才的基础性、战略性作用更加凸显，基本满足乡村振兴战略要求；到 2025 年，全市基本建立起规模与辐射面广、结构合理、素质优良的乡村人才队伍和机制完善、充满活力、富有效率的人才支撑体系，为乡村振兴战略不断注入源头活水，在乡村形成人才、土地、资金、产业汇聚的良性循环。全市乡村人才总量达到 5 万人左右(每个县区基本维持在登记造册 2000 人左右)。

(2)主要任务：推动乡村人才振兴，要围绕产业链、价值链、创新链布局人才链，统筹抓好农业科技人才、农村专业人才、新型职业农民、农村乡土人才、农村创新创业人才五支乡村人才队伍建设。

①农业科技人才队伍。加强协同培养，加大稳定支持，围绕种业发展、农机装备、绿色高效、市场信息、农产品质量安全等，打造一批省内领先、国内高水平的农业科研领军人才和创新团队。

②农村专业人才队伍。实施分类培养，健全评价激励，围绕农技推广、畜牧兽医、渔业渔政、农村卫生、乡村教育、农村事务管理、农村法治、建设规划、环境整治、改厕节水等，建设一批扎根农村、服务基层的农村专业化技能人才队伍。

③新型职业农民队伍。创新培育机制，规范管理服务，围绕种植业、养殖业、农产品加工、农村物流、电子商务、农业职业经理人等，培育一批爱农业、懂技术、善经营的现代农业经营者队伍。

④农村乡土人才队伍。深入挖掘培养，突出带动致富，围绕休闲农业、乡村旅游、特色产业、文化传承、家庭服务等，开发一批富有工匠精神的乡土人才和能工巧匠。

⑤农村创新创业人才队伍。强化政策支持，构建良好环境，围绕培育新型农业经营主体、发展农业农村经济，壮大一批富有活力的农村发展带头人和“引领者”。

8.1.3 重点工作

(1)研判“引人”，实施高端人才引进计划。

①强化农业科技领军人才“领头雁”作用。依托陕西省优势农业科研院所、XX 市农业农村局、XX 市振兴乡村产业服务公司的政策引领与专

家库建设,加大农业科技领军人才引进培养力度。围绕加快农业转型升级,适当增加农业领域的科研人员、企业人员待遇或评优条件,促生高效农业创新工作。加大省市级引进涉农专家项目支持乡村振兴力度,着力提升农业科学技术和科研成果开发利用水平。到2022年,支持农业科技领军人才团队数量达到10个左右。

②推动农业自主创新整体水平提升。对接现代高效农业高端人才需求,按照“领军人才+创新团队+优质项目(优势学科)”模式,实行“一事一议”,面向全国引进顶尖人才团队,给予人才津贴、综合资助或直投股权投资的优惠,打造具有影响力的农业创新创业团队。从XX市层面建设支持乡村发展的国家一流高校、一流学科,吸引国内外高校来设立涉农创新平台。

(2)研判“培养”,提升乡村人才队伍素质。

①培育针对XX镇特有产业及旅游业发展所需的人才。与西北农林科技大学建立合作站,针对茶业、中药材、魔芋、养殖等产业进行专项人才培养,通过市或镇农业局进行对接,选定特定人进行专项培训与学习,培养自己的农业技术带头人。旅游业方面引入专业机构进行培训学习,或定期组织相关从业人员进行考察学习。

②培育新型职业农民。实施新型职业农民培育工程,全面建立职业农民制度。以新型农业经营主体带头人轮训计划和现代青年农场主培养计划为引领,以家庭农场、农民合作社、农业企业等新型农业经营主体领办人和骨干为重点,分类型、分层次开展新型职业农民培育。实施新型职业农民和农业专业技术人才继续教育。引导具有实践经验的电子商务从业者从城镇返乡创业,鼓励电子商务职业经理人到农村发展。到2022年,建立一批综合培育基地、农民田间学校、实训基地和创业孵化基地,培训新型职业农民2万人(镇村人数由全市统筹计划)。

③强化基层农技推广体系建设。着力提升农技推广人才综合素质和服务能力,确保村镇推广队伍稳定在20～200人以上。实施基层农技推广体系改革与建设补助项目,每年分层分批培训基层农技人员5～100人,力争2年内轮训一遍。鼓励农业科技人才参与创办农业科技试验示范基地。加大节水农业和水肥一体化专业人才队伍建设,提升资源综合利用和农业集约化水平。加强基层农村经济经营管理体系建设,培育农

村经营管理人才。

④优化整合农科教人才资源。依托现代农业产业技术体系创新团队建设,以农产品为单元、以全产业链为主线,吸纳全省农业科研教学推广单位及新型农业经营主体的农业科技人才,建立服务大宗主导农产品、优势特色农产品产业的创新团队,大力提高农业自主创新能力,加快科技成果向农业各个领域的转化与应用。到2022年,稳定支持创新团队聘用200名左右农业专家(全市)、辐射带动农业科研人才,基本实现对主要农产品的人才与技术支撑全覆盖。

⑤提升农村技能人才创新创业能力。实施农村实用人才培育工程,以提高科技素质、职业技能和经营能力为核心,大规模开展创新创业培训。实施乡村人才技能培训计划,对具有劳动能力和一定文化素质的农村劳动力、高校毕业生、退役士兵等返乡下乡创业人员开展就业创业培训;以农产品市场行情、选种育苗、病虫害防治、种植管理及农副产品深加工技术等为重点开展实用技术培训;以“技能培训田间课堂”“培训大篷车下乡”等形式开展职业技能培训;鼓励围绕乡村特色产业、乡村旅游和家庭服务业发展,开展乡村民宿、农家乐、渔家乐、民俗演绎、农事节庆等特色产业培训。深入推进农村改厕工程,培育技术精良、服务到位的专业化队伍。开展“送智下乡”活动,培育乡村职业经理人、乡贤名人、乡村工匠、非遗传人等,促进乡村旅游人才振兴。实施乡村振兴“巾帼行动”,加快农村妇女人力资源向人才资源转化。

⑥加强农村党组织人才队伍建设。落实“扶贫先扶志、扶贫必扶智”的要求,坚持务实管用、增强实效,聚焦乡村组织振兴和精准扶贫、精准脱贫,依托国家和省市农村实用人才培训基地,采取省外培训与省内培训相结合的方式,2019年开始对全市扶贫工作重点村党支部书记进行轮训,大力提高其综合素质,增强农村基层组织凝聚力和战斗力,推动乡村组织振兴。

⑦ 实施各类人才定向培养计划。探索基层农技推广人才定向培养,开展XX市公费农科生补贴试点。启动“XX农林人才”培养计划,支持有条件的年轻人报考或研学涉农专业,科学制定人才培养方案,重点培养应用型农业人才。

(3)研判“下沉”,统筹集聚乡村人才资源。

①加大科技副镇长选派力度。研究制定吸引省内外高层次人才到市县域挂职任镇(街道办)科技副职的激励措施。

②持续推进访学研修。全面建立城市医生、教师、科技、文化人员等定期服务乡村机制,推动城乡、区域、校地之间人才培养合作与交流。加快人才双向流动,每年选拔100名左右科技、教育、文化、医疗人才到基层一线服务,100名左右基层人才到XX市辖的高等院校、科研院所、文化单位、医疗机构访学研修,畅通智力、技术、管理下乡通道,推动各类人才、项目、资源向基层下沉。

③深化提升第一书记工作。在实现第一书记对扶贫工作重点村、软弱涣散村全覆盖的基础上,从2019年开始,全面推行向集体经济空壳村选派第一书记。持续开展对口帮包、联系帮带、干部驻村、双向挂职等工作。以县乡为主体,全面选派乡村振兴指导员,实行对乡村组织的工作指导全覆盖。鼓励有条件的县(区),选派乡村振兴驻村工作队。

④支持青年人才返乡创新创业。实施“村村都有好青年”选培计划,吸引各行各业优秀青年返乡下乡创业,为农村发展党员、村“两委”班子做好人才储备。引导鼓励高校毕业生到基层工作,实施高校毕业生基层成长计划,选调优秀高校毕业生到基层等工作,对农科类毕业生给予一定程度政策倾斜,引导人才向基层流动、在一线成长成才。

⑤鼓励社会事业人才服务基层。实施中小学教师“县管校聘”管理改革,推动城镇优秀教师、校长向乡村学校、薄弱学校流动。实施“文化名人下基层”工程,鼓励各级文化艺术专业人员赴乡村开展文化服务活动。实施新乡贤培育与成长工程,引导村内老党员、老干部、人大代表、退伍军人、经济文化能人等群体扎根本土,发现、培养、壮大新乡贤队伍。鼓励乡村规划、文创、旅游等各类高端人才及专业化社会工作者参与农村基层服务。

⑥针对急需人才设立“特岗”。通过特设岗位,鼓励和引导高层次急需紧缺人才到基层一线工作。探索实施农技推广服务特聘计划,支持各地通过政府购买服务方式,从新毕业大学生、农业乡土专家、种养能手、新型农业经营主体技术骨干、科研教学单位一线服务人员中招募一批特聘农技员。

(4)研判“留人”,创新优化人才发展环境。

①探索人力资本开发新方法。加大现有人才培育力度,吸引陕西籍、XX籍高层次人才回归乡村,建立自主培养与人才引进相结合、学历教育、技能培训、实践锻炼等多种方式并举的农村人力资源开发机制。以大学生、进城务工人员、退伍军人等群体为重点,吸引更多人才投身现代农业,培养造就心怀农业、情系农村、视野宽阔、理念先进的新农民。

②激发人才创新创业新活力。研究制定鼓励城市专业人才参与乡村振兴的政策。健全农业科技领域科研人员以知识产权明晰为基础、以知识价值为导向的分配政策。探索公益性和经营性农技推广融合发展机制,允许农技人员通过提供增值服务合理取酬。支持新型职业农民享受创新创业扶持政策。

③构建基层人才评聘新标准。推进人才发展体制机制改革,落实好基层专业技术人才职称评聘、创业扶持、待遇保障等措施。建立"定向评价、定向使用"的基层专业技术职称评价使用制度,侧重考察实际工作业绩。对具有副职及以上职务职称的专业技术人员到镇(街办)事业单位工作的,可聘用到正职技术岗位。研究制定农村人才培养和评价标准,开展农村人才评价与认定工作。

④健全人才待遇保障新政策。支持地方设置人才"一站式"服务窗口,为乡村人才提供政策咨询、项目申报、融资对接、业务办理等服务。引导符合条件的新型职业农民参加城镇职工基本养老保险、职工基本医疗保险等社会保障制度。支持乡村医生按规定参加当地企业职工基本养老保险。全面落实乡村教师享受镇(街办)工作补贴、交通补助、教师体检、乡村特困教师资助等政策。鼓励有条件的镇(街办)、村(社区),建设乡村人才公寓。

⑤创新人才激励奖励新举措。对长期在基层工作且业绩优异的农业科技人员、农技推广人员、卫生专业技术人员、乡村学校教师等按照一定标准表彰奖励,奖励结果列入晋升评审标准。做好优秀镇(街办)农技人员、最美基层农技员、乡村教育突出贡献奖等评选工作。扩大乡村之星评选规模,每年评选一批具有较大示范作用的优秀农村实用人才。

8.1.4 保障措施

(1)加强组织领导。推动乡村人才振兴工作由XX市人才工作领导小组统一领导,市农村农业局牵头,协调推进各项举措的具体实施,做到统筹规划，务求实效。各级党委、政府要把推进乡村人才振兴纳入乡村振兴战略总体规划，切实抓好落实。

(2)加大投入力度。坚持把乡村人才振兴放在公共财政优先支持的位置，进一步加大财政投入力度。落实和完善融资贷款、配套设施建设补助、税费减免等扶持政策。引导工商资本积极投入乡村振兴事业，带动人才回流农村，为乡村振兴注入现代生产元素和提供人力支撑。

(3)强化考核引导。从2019年开始，把乡村人才振兴列入区县人才工作目标责任制考核。将乡村人才振兴重点任务分解到区县人才工作领导小组有关成员单位，建立完善督导落实机制，夯实工作责任，引导人才工作资源向乡村人才振兴聚焦聚力。

(4)注重宣传总结。坚持正确舆论导向，广泛宣传中央和省关于乡村振兴战略的路线方针政策，加大对各类人才扎根农村、服务“三农”、创新创业的宣传力度，充分发挥优秀乡村人才先进事迹的典型示范作用，及时总结好经验、好做法，努力形成一批可推广、可复制的乡村人才资源开发新模式，在全社会营造尊重、关心、爱护乡村人才发展的良好氛围。

8.2 组织振兴

8.2.1 现状分析

随着农村形势的变化，村镇工作任务加重，难度加大，村干部完全成为“脱产”干部。延长工作时间模式已成常态，工作强度与每月工资待遇呈现出不相称的关系(尤其村级干部)，出现很多工作积极性与公平性问题。这一状况，势必影响村镇队伍稳定，影响农村基层组织建设。为此，建议以试点镇村为机会，市政府引起重视，采取得力措施，切实提高村干部待遇，解决他们的后顾之忧，调动工作积极性，巩固党在农村基层组织的稳定性，确保农村稳定、繁荣。

具体村镇干部工作调查情况如下。

(1)工作任务比过去明显加重。市、县、乡各级政府的几十个部门和单位，凡是涉及农村的工作，最终落脚点都要求镇村干部负责完成。以村为例：每个村的编制大村8人、小村4人，上面千条线，下面一根针，任务繁重。同时有限的几个村干还要负责村内的民事纠纷调解，防汛抗旱、避险救灾、森林防火；村组道路的交通安全、三线三边环境整治，留守儿童、老人的照顾，五保户、孤寡老人的住房、生活的安排；生产发展、社会养老保险、农民合作医疗保险自筹款的收缴。还要为各类商业保险收缴农民上缴的部分，例如：农业保险森林保险、康龄保险等农民缴款。总之，一个村几个村干部负责几千人的日常管理服务，一个镇的干部面对几万人与各种经济发展的任务而言，与过去相比任务加重了很多。

(2)工作难度显著加大。一是要实行电脑办公，村干部工作难度大。现在上级要求上报的各种报表和材料除了手工填写一份纸质外，必须要报一份电子档，对村干部来说与过去相比难度大了不少。二是来自农民的诉求多、问题多、矛盾多。大多数青壮年外出，留守的多数都是"年龄或劳动能力"受限人群，难免在政策理解、大局、生活方式上存在限制，完成贫困或动员任务，则相比过去工作难度显著提高。三是脱贫攻坚任务艰巨难度大。打好脱贫攻坚仗主战场在镇村一级，识别是否精准在村、施策是否精准在村、脱贫成效是否精准在村，国家、省、市、县各级检查、核查、巡查都要到村，同时扶贫手册、一户一档等各种内业资料纸质的、电子版的都要整理完善，每天还要填写新的帮扶措施，工作难度加大。

(3)工作时间显著加大。经过调研，现在的村干部基本都是全脱产式干部，XX 市绝大多数村镇也被要求村干从周一到周五全部上班。为了完成工作任务，周六、周日也要上班，几乎是天天上班；特别是脱贫攻坚冲刺阶段，为确保万无一失，节假日正常上班，每天工作 11 个小时以上。

根据最新的中共中央办公厅印发了《关于解决形式主义突出问题为基层减负的通知》文件精神，2019 年为基层加压年，这也为 XX 市乡村振兴中的组织振兴提供了上位依据。《通知》提出五项工作要求。一要以党的政治建设为统领加强思想教育，着力解决党性不纯、政绩观错位的问题。二要严格控制层层发文、层层开会，着力解决文山会海反弹回潮的问题。三要加强计划管理和监督实施，着力解决督查检查考核过多过频、过度留痕的问题。四要完善问责制度和激励关怀机制，着力解决干部不敢担当作为的问题。五要加强组织领导，为解决困扰基层的形式主义问题提供坚强保障。

(4)村干部的待遇情况。经过调研，以 XX 为例，到 2018 年，村干部月工资在 2300 元左右，按照季度绩效考核，每月到手收入约 500～800；年工资 2 万～3 万元左右。工资标准与当地农民工打工收入相比，仍然相差较大，与当地村小的教师工资相比，低得更多。对于家庭开销正常以及没有村集体企业可二次分配的村干来说，目前的待遇确实较低。

8.2.2 总体要求

以习近平总书记的重要指示精神为根本遵循，牢牢把握“走在前列”的目标定位，以提升农村基层党组织组织力为重点，以实现乡村治理体系和治理能力现代化为目标，坚持以党组织建设带动其他组织建设、以组织振兴促进乡村振兴，着力健全完善乡村组织体系，激发乡村各类组织活力，凝聚乡村振兴的整体合力，夯实乡村振兴的组织基础，推动农村基层组织全面进步、全面过硬，打造乡村组织振兴的XX样板。到2020年，制约乡村组织振兴的突出问题得到有效解决，构建起乡村振兴的组织体系和政策框架；2022年，形成领导有力、运转有序、治理有效的乡村组织振兴制度机制。

(1)农村基层党组织坚强有力。党在农村的基本组织、基本队伍、基本活动、基本制度、基本保障健全完善，党的组织有效嵌入、党的工作有效覆盖农村各类组织和群体，党组织政治领导力、组织覆盖力、群众凝聚力、社会号召力、发展推动力、自我革新力得到充分发挥，使农村基层党组织成为宣传党的主张、贯彻党的决定、领导基层治理、团结动员群众、推动改革发展的坚强战斗堡垒。

(2)村民自治组织规范有序。依法选举产生新一届村民委员会，依法推选产生村民代表和村民小组组长，健全人民调解、治安保卫、公共卫生与计划生育、民政事务等下属委员会，实现村务监督委员会应建尽建。村级自治组织相应规章制度健全完善，在村党组织领导下分工负责、有序运行。到2020年，党组织领导的村民自治机制更加健全规范。

(3)农村集体经济组织健全完善。农村集体产权制度改革推进顺利，农村集体经济组织同步建立，完善治理机制、健全组织章程，在村党组织领导下依法代表成员行使集体资产所有权，履行集体资产管理运营职能。到2020年，全市涉农村镇全部建立集体经济组织；2022年，基本建立起符合市场经济要求的农村集体经济运行新机制。

(4)构建乡村群团组织基层阵地。党建带群建、带社建工作推进有力，共青团、妇联、残联等群团组织在乡村的组织架构实现有效建立，队伍建设不断强化，联系服务群众的桥梁纽带作用发挥到位。2022年，乡村群团组织建设全面加强，组织活力全面提升。

(5)农村合作经济组织和社会组织发展壮大。现代农业经营组织实现管理规范化、生产标准化、经营产业化、服务社会化、产品品牌化；农民专业合作社发展稳健规范，成为提供农业产前产后服务、引导农民进入市场的重要桥梁；培育建立一批服务性、公益性、互助性农村社会组织和群众活动团队。到 2020 年，全市农民合作社数量稳定在 1 万家以上(平均每村 5 个左右)；到 2022 年，农业社会化服务组织达到 2 万家(平均每村 10 个左右)，2025 年达到 3 万家以上。

8.2.3 重点任务

(1)深化农村过硬党支部建设。深入推进"两学一做"学习教育常态化、制度化，扎实开展"不忘初心、牢记使命"主题教育，组织农村基层党组织和广大党员群众用党的创新理论武装头脑，增强"四个意识"，坚定"四个自信"，坚决维护习近平总书记在党中央和全党的核心地位，坚决维护党中央权威和集中统一领导。推进党支部规范化标准化建设，细化党组织评星定级实施细则和评价标准，通过定期评定、动态调整、晋位升级，全面落实"三会一课"、主题党日、组织生活会、民主评议党员等党的组织生活制度，不断扩大先进支部增量、提升中间支部水平、整顿后进支部。

(2)推动乡村各类组织健康发展。以县(区)为单位统一组织修订和完善村民自治章程、村规民约，落实群众性自治组织，特别是法人制度，支持村民委员会在党组织领导下依据自治章程、村规民约开展群众自治工作，依据职能从事民事活动。深入推进农村集体产权制度改革，建立健全农村集体经济组织，构建归属清晰、权能完整、流转顺畅、保护严格的集体产权制度。支持和鼓励群团组织承接适合于群团组织承担的公共服务职能。加快发展现代农业经营组织，吸引农业龙头企业、专业大户共同参与，引导农民合作社按产业链、产品、品牌等组建联合社，提高农民群众组织化程度；鼓励党支部、党员领办创办合作社，深入推进合作社示范社建设；探索建立退出机制，促进合作组织规范发展。

(3)健全党组织领导的村级工作运行机制。推动把加强党的领导有关要求写入村民自治组织、农村集体经济组织等相关组织章程；积极推进村党组织书记通过规定程序担任村委会主任、农村集体经济组织主要负责人，推动村党组织班子成员、党员担任村务监督委员会、集体经济组织负责人，提高村委会成员、村民代表中党员的比例。对不服从党组织领导、违反法律法规、履职不到位、群众反映强烈的村民自治组织和集体经济组织负责人，探索建立退出机制。健全完善党组织领导的村级事务运行机制，严格落实“四议两公开”等民主决策制度，严格执行经济责任审计等制度，全面推行党务村务财务公开，引导群众在党组织领导下进行自我管理、自我教育、自我服务、自我监督。建立村党组织领导的基层协商民主制度，及时反映和处置群众诉求、维护群众合法权益，预防化解矛盾纠纷，促进乡村和谐稳定，到 2022 年。全面建立党组织领导的民事民议、民事民办、民事民管的村级协商机制。

(4)提高乡村法治、德治水平。开展法治宣传教育和法律进农村活动，建立村级法律顾问制度(县里统筹)，健全农村公共法律服务体系。深入开展扫黑除恶专项斗争，依法严厉打击黑恶霸痞等违法犯罪行为，坚决防止黑恶势力侵蚀扰乱乡村组织；充分发挥基层党组织政治功能，引导党员面对黑恶势力敢于发声亮剑，组织发动群众坚决同一切不良风气和违法犯罪做斗争。创新社会治安综合治理，扩大“天眼工程”，对公共区域、重点区域做好监控，确保乡村治安稳固与威慑。深化平安智慧村庄(社区)创建，强化安全生产保障，组织开展好社会治安防控、矛盾纠纷化解、重点特殊人群服务管理等综治维稳工作，建设平安乡村。推动社会治安防控力量下沉，统筹各类组织和党员队伍、网格管理队伍、志愿者团队等方面力量，构建网格化服务管理体系，实行乡村网格化服务管理中心与综治中心一体化运行。推动基层党组织把农村道德建设抓在手上，大力弘扬社会主义核心价值观，组织好各类群众性文化活动；推进新时代文明传习中心建设，开展文明家庭和“五好家庭”创建、寻找最美家庭等活动，扎实推进移风易俗行动，教育引导党员群众崇德向善，自觉抵制各种陈规陋习、封建迷信，自觉抵御邪教破坏、境外宗教渗透，自觉抵制宗族宗派势力影响，提高乡村文明程度。积极培育富有地方特色和时代精神的新乡贤文化，壮大新乡贤队伍，发挥新乡贤作用，为村庄治理和发展建言献策、贡献力量。

(5)推进村党组织带头人队伍整体优化提升。建立健全村党组织书记履职情况定期评估、动态调整机制，对不胜任、不合格、不尽职的村党组织书记及时进行调整。以县(区)为单位建立村党组织书记后备人才库，统筹各方面人才资源，有序推进村党组织书记优化升级、新老交替。根据基层实际和工作需要，从各级党政机关、企事业单位选派优秀党员干部到工作基础薄弱村担任党组织书记，并探索职级晋升难题，给予专项优待考量。强化素质能力提升，全市每年选派300—500名左右村党组织书记到先进地区进行集中培训；县镇分级负责，每年对村党组织书记集中轮训一遍；依托农业院校、职业学院、广播电视大学、新型农民学校、全国乡村振兴标杆样板村等培训机构以及智慧党建、智慧教育等信息化平台，开展农村干部学历及非学历教育。全面实行村党组织书记规范化管理，健全选拔任用、履行职责、激励保障、考核监督等管理体系，落实村干部为民服务。

(6)培育乡村组织振兴骨干力量。拓宽农村发展党员视野，对扶贫工作重点村、工作基础薄弱村，加强优秀后备人才递进培养，注重从各类组织负责人、专业大户、农村实用人才、青年农民、村医村教、外出务工经商人员、返乡创业人员、高校毕业生、退役军人等人员中发现优秀人才，把符合条件的优秀人才发展为党员，把优秀党员培养为村干部。推行村"两委"成员集中轮训、农村党员冬训春训制度，全面推行农村党员干部进党校、县级以上党校送学下乡村制度，确保4年内农村党员干部全部参加一次县级以上党校组织的集中培训；每个县(区)依托本地先进村打造一定数量的乡村振兴培训基地，培育一批乡村组织振兴的"土专家"。实施"村村都有好青年"选培计划，为乡村组织振兴储备人才。

(7)推动工作力量向乡村下沉。建立选派第一书记工作长效机制，从2019年开始，在实现第一书记对扶贫工作重点村、软弱涣散村全覆盖的基础上，全面推行向集体经济空壳村选派第一书记，给予相应扶持政策。开展机关企事业单位党支部与村党组织结对共建活动，通过对口帮包、联系帮带、干部驻村、双向挂职等方式，助推乡村组织振兴。对未选派第一书记和开展结对共建的村，探索以县乡为主体选派乡村振兴指导员，实现对乡村组织的工作指导全覆盖。加强基层农技推广人才队伍建设，积极组织农业、科技、卫生、文化、乡村规划等方面人才和青年志愿者到村开展志愿服务，充实乡村组织振兴工作力量。

(8)搭建乡村组织作用发挥的平台载体。发挥党的组织优势和群众工作优势，扎实做好组织群众、宣传群众、凝聚群众、服务群众的工作。因地制宜丰富实践载体，加强对乡村振兴重大决策部署和各项政策的宣讲普及，全方位了解群众诉求、收集村情民意，确保各项政策全面落实到位、切实发挥效益，使推动乡村振兴成为各类组织和广大农民群众的自觉行动。

(9)建立乡村组织和基层干部激励关爱机制。积极落实中共中央办公厅印发的《关于解决形式主义突出问题为基层减负的通知》文件精神，定期开展督促检查，确保基层减负、待遇福利、关爱帮扶、选拔使用、力量配备等各项政策措施得到有效落实。统筹整合乡村振兴各项政策、项目、资金、信息、人才、技术等资源，以镇(街办)(街道)、村(社区)党组织为主渠道承接，带领其他各类组织共同抓好落实，确保乡村组织振兴有抓手、有资源。研究制定并全面落实对农村合作经济组织、农村社会组织参与乡村振兴的扶持政策。探索分类制定乡村组织服务乡村振兴的考核评价和激励制度，对表现突出的组织和个人给予物质或精神奖励。市、县定期推选宣传一批"乡村振兴好支书"；根据镇(街办)编制空缺情况，每年从优秀村党组织书记中考录一批镇(街办)机关公务员、招聘一批镇(街办)事业编制人员，调动和激发乡村组织和基层干部的积极性主动性。

其具体建议如下几点。

①根据按劳取酬的原则，将村干部工资水平提高到当地农民工工资水平。XX区域农民工工资目前标准是每天80元～150元左右，按此标准，村干部基本工资按中位标准每月3000元，应另加绩效工资500～800元，合计3600元左右，其中绩效工资根据工作实绩拉开档次。

②逐步解决身份待遇，培养稳定的村级公务员队伍。对连续担任村干部10年以上，且业务能力强、有奉献精神、工作实绩突出的村干部，经过乡政府推荐，组织考核，人社部门办理，直接过渡为村级公务员，但必须仍在村里工作，像当地小学教师一样在当地工作到退休。

③对特别优秀的村书记提高政治待遇，打通向上提拔、转正录用的通道，在现有的政策基础上，适当放宽条件，扩大提拔比例。

④对不能提拔也不能就地转为村级公务员的村干，在任职期间办理养老、医疗等五险手续，从而消除他们的后顾之忧。

⑤村民组是村级组织的一部分，在提高村干部待遇的同时，要考虑提高村民组长的工资水平，建议由现在每月100元提高到每月200元以上。

(10)强化乡村组织运行保障。严格落实财政保障村级组织运转经费、村干部报酬待遇等政策规定,建立村级组织运转经费正常增长机制,每3年调整一次财政补助村级组织运转经费最低标准。深化扶持发展壮大村级集体经济试点,统筹整合涉农资金、扶贫资金等专项资金,重点扶持集体经济薄弱村、空壳村;建立集体经济空壳村、薄弱村在线数据平台,逐村确定增收目标和发展规划,跟踪督导、精准推进、销号管理。到2022年,基本消除集体经济空壳村,集体经济收入3万元以下的村实现收入翻番;2025年,力争村集体收入全部达到5万元以上。

8.2.4 组织领导

(1)压实市县党委主体责任。推进乡村组织振兴,实行市负总责、县(区)抓落实的工作机制。市委要加强对乡村组织振兴的研究谋划和组织协调,结合实际细化目标要求和政策措施,统筹各方面资源力量,研究解决工作中的困难和问题,督促指导乡村组织振兴各项任务落实。县(区)党委是乡村组织振兴的"一线指挥部",主要职责有以下几点。

①全面领导本地乡村组织振兴工作,结合实际研究制定本地乡村组织振兴实施方案,明确任务目标,细化推进措施,抓好工作落实。

②统筹整合各类要素和政策,推动资源力量下沉,强化对乡村组织振兴的支持和引导。

③加强镇(街办)领导班子和干部队伍建设,选优配强工作力量,提升镇(街办)干部整体能力水平,加强"三农"工作队伍培养。

④合理界定县(区)与镇(街办)的事权边界,厘清权利边界,放权于村。加大财政支持力度,统筹村级组织运转经费保障。

⑤关心关爱乡村党员干部,切实减轻基层负担,调动广大基层党员干部干事创业的积极性。县(区)党委要结合本地实际,进一步细化抓乡村组织振兴工作责任清单;县级组织、政法、民政、财政、农业等部门要结合自身职责,明确任务目标,形成抓乡村组织振兴的合力。

(2)发挥镇(街办)党委关键作用。镇(街办)是抓乡村组织振兴的前沿阵地,镇(街办)党委承担推动乡村组织振兴的直接责任,主要职责有以下几点:

①领导本镇(街办)各类组织和各项工作,不折不扣贯彻落实上级关于乡村组织振兴的各项决策部署。

②依据本县(市、区)乡村组织振兴实施方案,研究细化具体实施办法,推动各项工作落实。

③全面掌握本镇(街办)乡村组织振兴的详细情况和动态进展,加强调度分析,及时发现并解决工作中的突出问题;

④全面推进农村过硬支部建设,确保村党组织对农村其他各类组织实施有效领导。

⑤推动镇(街办)工作力量下沉,注重发现培养和吸引农村优秀人才,大力加强农村党员队伍建设。

⑥认真落实关心关爱村干部的政策规定,足额落实村级组织运转经费和村干部报酬待遇。

第九章　重点项目及实施计划

9.1　重点项目

(1)两万亩标准化茶叶种植基地建设项目

建设内容:建设新园面积 6600 亩,经营茶园 15000 余亩。

建设地点:XX 集镇、黑水塘村、水田坝社区、青狮村、大深沟村等 8 个村。

实施期限:2019.5—2022.1

投资规模:2000 万元

(2)观光茶园产业建设项目

建设内容:建设 2000 亩无性系生态观光茶园,茶园观光步道(凉亭、照明),建设茶韵文化展览馆 500 m^2、茶农系列体验区 600 m^2(种茶体验区、茶园管理体验区、茶叶加工体验区各 200 m^2)茶园迷宫 10 亩、茶园生态酒店,茶里水街提升,建造茶农庄园。

建设地点:水田坝社区潘家岭茶园区为观光茶园,园区内包括茶韵文化展览馆、茶农系列体验区(种茶体验区、茶园管理体验区、茶叶加工体验区),茶农庄园位于镇区。

实施期限:2019.5—2022.1

投资规模:6949.1 万元(其中 2849.1 万元用于镇区茶农庄园的建设)

(3)茶叶加工仓储建设项目

建设内容:建设 2 处 800m^2、标准化茶叶加工厂(含冷藏仓库)。

建设地点:茅坪村,黑水塘村

实施期限:2019.5—2020.1

投资规模:200 万元

(4)万亩中药材生态种植基地建设项目

建设内容:建设厚朴林6000亩,林下种植天麻、党参、大黄共计8000亩,林下种植食药同源药材1000亩,共计15000亩种植基地;建设中药材自繁基地。

建设地点:大河村

实施期限:2019.5—2020.1

投资规模:110万元

(5)中药材原生态加工产建设项目

建设内容:建设1000 m^2、年加工药材100吨的多层立体框架式中药材加工厂。

建设地点:大河村

实施期限:2019.5—2020.1

投资规模:200万元

(6)中药材标准化仓储物流中心建设项目

建设内容:建设1000 m^2 在经济全球化与供应链一体化背景下的现代物流系统仓储。

建设地点:大河村

实施期限:2019.5—2020.5

投资规模:420万元

(7)生态观光药用植物园

建设内容:建设囊括观赏、科教、示范、娱乐、休闲、养生等一体的20亩药用植物园,包括林下种植示范区、300m^2 中药文化馆。

建设地点:大河村

实施期限:2019.5—2021.1

投资规模:300万元

(7)魔芋产业融合示范园

建设内容:建设万亩标准化魔芋种植基地、2000m^2 标准化魔芋加工厂、1000m^2 标准化冷藏储存厂房、500m^2 智能化仓储物流中心。

建设地点:茅坪村

实施期限:2019.5—2021.5

投资规模:500万元

(8)山羊养殖示范区

建设内容:建立养殖规模为1000只山羊标准养殖基地1个,包含相关污染防治设施。

建设地点:青狮村

建设规模:1000只

实施期限:2019.3—2020.3

投资规模:260万元

(9)生猪养殖示范区

建设内容:建立300头标准化生猪养殖小区1个,包含相关污染防治设施,形成"规模化养殖+养殖小区+农户"的养殖模式。

建设地点:青狮村

建设规模:300头

实施期限:2019.3—2020.3

投资规模:160万元

(10)土鸡养殖示范区

建设内容:建立土鸡养殖示范区,XX镇现森林覆盖率89.8%,可以发展林下特色养殖。以主打山鸡、土鸡,在林下自然放养的方式。土鸡养殖基地建立在现有基础上的高山村组进行,在现有基础上优化养殖技术,不宜扩大规模。

建设地点:青狮村

建设规模:5000羽

实施期限:2019.3—2020.3

投资规模:155万元

(11)XX风味街打造

建设内容:黑水塘村移民安置社区沿河岸改造。

建设地点:黑水塘村

实施期限:2019.3—2022.03

投资规模:200万元

(12)珍禽园建设项目

建设内容:占地约30亩的观光型禽鸟园

建设地点:大河村

建设规模:30亩

实施期限:2019.3—2022.3

投资规模:120 万元

(13)特色养殖标准化加工厂

建设内容:建设 2000 m^2 的标准化加工及包装厂房,引入新设备,流水线分区生产,设立标准化冷藏储存库房,用于肉蛋采收后的储存。

建设地点:青狮村

建设规模:2000 m^2

实施期限:2019.3—2022.3

投资规模:450 万元

(14)游客服务中心

建设内容:按照 AAAA 级景区规范要求建设 1000m^2 的综合游客服务中心,满足对外形象展示、旅游接待、旅游导引、医疗救助、景区综合管理、旅游产品销售、停车集散等功能的需要,风格以茶韵或 XX 镇特色建筑风貌为准。

建设地点:水田坝社区与黑水塘村交界处

建设规模:1000 m^2

实施期限:2019.3—2021.3

(15)旅游服务设施提升

建设内容:全域内形象标识系统建立,建立生态卫生间,长椅,垃圾箱,消防、医疗救助。

建设地点:XX 镇

实施期限:2019.3—2022.3

投资规模:650 万元

9.2　资金筹措

9.2.1　资金渠道

根据资金渠道来源,乡村振兴项目的资金渠道主要由国家和地方财政资金、招商企业投资、农户自筹三方面构成。其资金筹措途径及结构具体如下。

(1)国家、地方财政投资。国家和地方财政投资,主要进行水电管网等基础设施建设,及生态宜居、乡村改扩建补贴、民俗文化广场修建,标准化示范田建设补助，其中生产类资金纳入集体合作社股金管理。

(2)招商企业投资。招商企业自筹资金，主要进行设施农业园区基地、农事休闲观光、林下和水面养殖及乡村游产品的经营开发。

(3)农民自筹投资。农民自筹资金，主要发展农业生产及合作社入股经营等。

9.2.2　资金机制保障

建立全面投资、重点突破的资金保障机制。对试点镇村主要发展项目和近期发展项目进行投资估算，对试点镇村发展的资金来源、运作方式统筹规划，助力于村庄建设项目持续推进。在整治过程中，政府应注重并要长期坚持实施规划时序所制定的建设内容，把重点和一般、近期和远期紧密结合起来，逐步推进，直到完成规划建设任务。

建立财政投入，多方筹措的保障机制。现阶段用财政资金引导农村人居环境综合整治已经成为必须，这是人民群众共享改革发展成果的必然要求。同时，也要用创新的办法，引导群众参与到乡村振兴的全过程中。同时，也要引入设计载体，引导其他社会资金参与到乡村振兴的宏大工程之中。

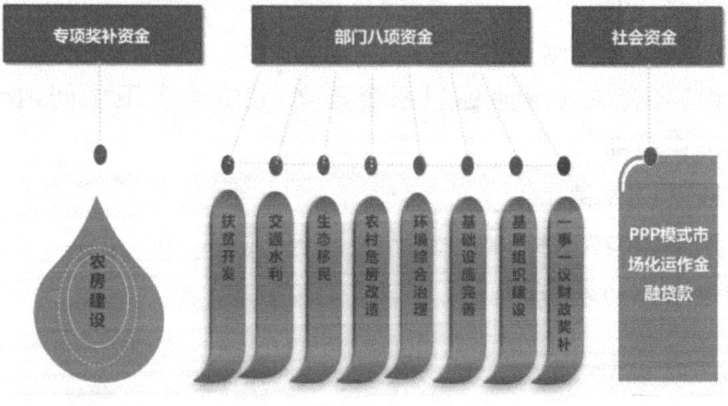

9.2.3　效益分析

(1)经济效益。聚焦一产与三产农旅融合，构建XX镇及山区村落产业兴旺新的吸引核；以旅游为发展动力，推进XX镇村振兴带动作用；引领区域综合开发，促进XX镇旅游经济的可持续发展。

(2)社会效益。XX镇乃至XX的旅游形象，增强秦巴民俗印迹与生态印迹；激发 XX 镇旅游产业，带动相关产业发展；提供就业机会，提高 XX 镇各村居民生活品质。

(3)生态效益。统筹管理村庄、旅游区生态建设，保护生态平衡；打造亮点景观，提升旅游景观环境与基础配套设施；实行保护性开发策略，有效保障旅游区生态环境。

第十章 保障措施和实施措施

10.1 规划实施原则

规划实施总原则为循序渐进、共同参与、持续发展。

解读陕西省、XX市、所辖县三级对于农村人居环境综合整治的相关文件和会议，以及中央、省、市乡村振兴的战略谋划，其重点强调的内容可以概括为以下三条。

(1)首要是完善基础设施建设，包括道路硬化、亮化，给水、厕所与污水处理设施建设，环卫布置等市政设施配置；优化人居环境、美化人文环境为主，包括院落空间改造，村庄重点门户空间、重点建筑风貌的改善整治以及周边山体、水体的植被绿化等。

(2)其次是以农旅融合的项目、园区的基础配套、公共服务空间的基础配套、集体经济合作社与企业的意向达成、生产体系与经营体系的构建等软实力为基础。

(3)在以上基础上，进一步发展乡村经济产业，主要包括生态农业、文化体验、旅游服务等产业在内能与生态人文环境完美契合的产业发展途径。

因此，本规划的建设实施原则可以概括为：优先保证基础设施配套，其次打造营商环境，最后发展经济产业。在此原则基础上，进行不同阶段的发展时序的安排，最终达到村庄整体风貌改善，村民生活质量提升，村民收入总体提升的目标。

10.2 开发时序管控机制

为了保障本村项目建设的有序开展，能够按时落地实施，通过对本村人居环境综合整治的项目进行梳理和分类，提出“两个一”的开发时序管控机制。

强化“第一时间”:规划实施要突出重点,优先解决基础性面临的、急需落实的项目,如村庄污水、厕所、垃圾、人居环境的整治,环卫设施的布置等;综合服务中心、村史馆、通信网络、标识标牌等公共设施;园区基地的土地流转与基础配套等基础项目。

建好“一个时间日志”:根据本村实际,对规划要实施的项目做出合理的时间安排,明确每个时间段要完成任务和每个时间点项目应达到的进度,制定合理、有效的检查、监督、管理机制,保障项目能够按照规划时序进行建设实施。

10.3 制度保障机制

建议健全法律、规章的保障机制。建议制定镇村管理条例,作为物质空间日常管理及保护发展的依据,为重要建筑修缮、村庄风貌控制提供指导。建议健全公众参与机制。通过宣传教育、村民公约制度等方式提高村民的参与度和主人翁责任感。

10.4 规划管理机制

针对试点镇村管理建议组建分工明确的管理机制。

建议组建村落保护发展管理委员会,以管委会为核心,对有价值村落建筑景观及区内其他物资和非物质文化遗产实施综合保护管理。建议建立责任规划师制度,由经相关管理部门授权的责任规划师协助对区内建设方案进行审批。完善机构体系,尽快组建档案资料库、监测站、事业研究机构,并与地方相关专业机构合作。

10.5 责任划分机制

秉持“多方参与,多方筹措,各行为主体之间权责明确”的原则,确保村庄的发展能够在多方参与的基础上顺利进行。村中未来的主要行为主体有四类:政府、村民、村集体以及将会引进的商户。不同行为主体在未来的镇村发展建设过程中有不同的权责划分,应保证各个群体能做好自己的事情,尽到自己的职责,这是规划得以有效实施的重要方面。

在设施完善阶段,政府投资进行土地平整硬化、给排水系统、通信等市政系统的全面完善;村民既可以作为劳动力参与市政设施建设,也有义务维护设施，使之正常运转工作。同时，也有责任在日常生活中进行垃圾分类，分片区保洁，维护村庄良好形象；对于村集体，可以成立市政设施维护与卫生检查小组，定时定点进行监督检查，并对设施进行维护保养。

片区建设阶段，政府主要从农村人居环境综合整治专项资金提取资金进行道路、给排水、环卫等市政基础设施建设。对于村集体，主要从加强环境保护宣传教育，可采取组成卫生检查小组，定时定点进行监督检查和维护保养。

产业激活阶段，政府应设立专项资金用于引进先进农业耕种技术和设备、出资为农民提供技能培训，并对外增加宣传，进行招商引资；村集体应积极构建农民合作社，整合资金，引进先进生产设备，提高产品生产量；村民可从事农家乐，民宿、餐饮集市经营等；企业或商户应积极参与到各类产品开发与产业链建设中，协助普通经营户和村民进行经营，帮助对外宣传，协助村集体维护市场秩序，防止恶性竞争。

10.6 项目实施流程图

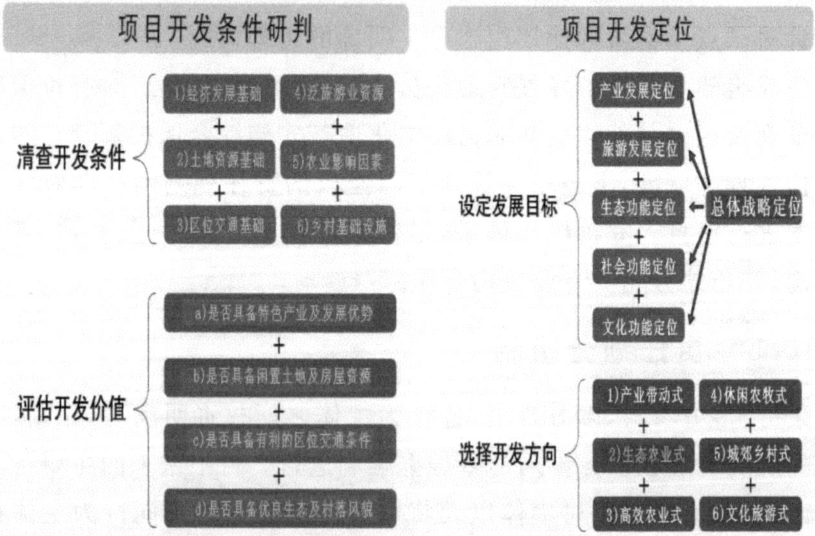

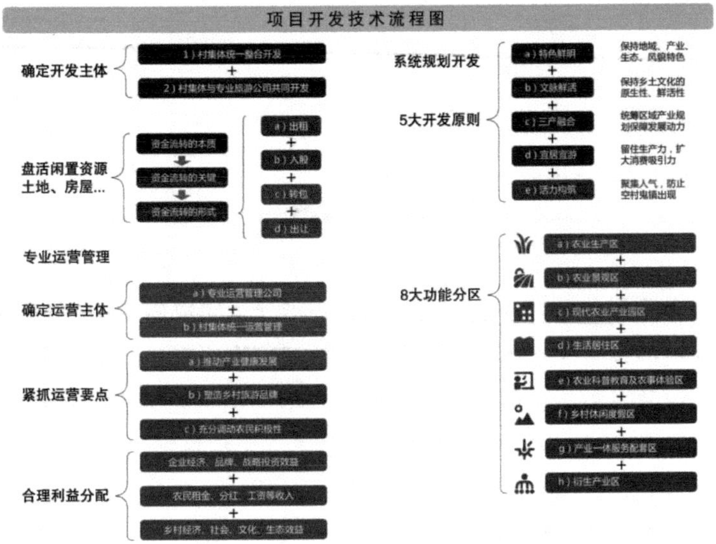
项目开发技术流程图
确定开发主体
1）村集体统一整合开发
2）村集体与专业旅游公司共同开发
盘活闲置资源
土地、房屋…
资金流转的本质
资金流转的关键
资金流转的形式
a）出租
b）入股
c）转包
d）出让
专业运营管理
确定运营主体
a）专业运营管理公司
b）村集体统一运营管理
紧抓运营要点
a）推动产业健康发展
b）塑造乡村旅游品牌
c）充分调动农民积极性
合理利益分配
企业经济、品牌、战略投资效益
农民租金、分红、工资等收入
乡村经济、社会、文化、生态效益
系统规划开发
5大开发原则
a）特色鲜明
保持地域、产业、生态、风貌特色
b）文脉鲜活
保持乡土文化的原生性、鲜活性
c）三产融合
统筹区域产业规划保障发展动力
d）宜居宜游
留住生产力，扩大消费吸引力
e）活力构筑
聚集人气，防止空村鬼镇出现
8大功能分区
a）农业生产区
b）农业景观区
c）现代农业产业园区
d）生活居住区
e）农业科普教育及农事体验区
f）乡村休闲度假区
g）产业一体服务配套区
h）衍生产业区

后记

本书是在我们的导师杨改河教授的精心指导下完成的，从框架编写、内容布局及规划理论的构建无不体现了老师对乡村振兴战略宏观洞察和落地措施微观把控。杨改河教授师从我国农业资源与区划学科的奠基人沈煜清教授，在长期服务区域农业发展过程中，将区划理论与方法应用到区域农业产业发展规划之中，构建了中国农业区域发展规划的基本理论与方法，在学术思想上继承和发展了区划理论。在1999年国家开展西部大开发战略退耕还林(草)工程伊始，杨改河教授高屋建瓴，率先开始了西北地区尤其是黄土高原地区“在哪里退、退多少、如何退”的相关基础科学问题的系统研究，并针对退耕还林(草)政策与中国西北粮食安全问题，开展了西北地区农业结构调整研究，提出了一系列方案、建议和措施；在2006年国家退耕还林(草)工程即将完成之后，开始了对国家重大生态工程的生态环境效应的评价研究，而且这一研究一直延续至今；“十五”“十一五”和“十二五”期间，针对循环农业和新农村建设国家重大战略，又从生态循环农业的角度，开始了西部黄土高原生态农业模式构建、农业废弃物沼气化利用的基础研究和中国农村户用沼气的适应性评价等从宏观到微观的系统研究，这一领域业已成为我国生态循环农业领域重要的研究力量和研究的制高点；在党中央提出乡村振兴战略之后，杨改河教授以其敏锐的学术洞察力，及时向学校建议开展关于西北地区乡村类型与特征调查，这一建议在学校的支持下取得了大量的一手资料，同时引起了巨大的社会反响，成为支撑我国西北乡村振兴规划编制和决策的重要依据。

本书源于杨改河教授对中国乡村振兴战略规划编制的理解和把握，其组织过程体现了从资源与区划科学理论到规划学科理论之间的传承和发展，也深刻体现区划和规划理论在三代学者之间的传承与发展。

编者

2019年3月